「ありがとう」その一言で幸せな気分になれる
「がんばれよ」その一言で勇気が湧いてくる
八十年も生きていると、心にストックされた
魔法の言葉がたまってくる。

遊び心がおいしい

―どーした、こーした、堂下語録―

株式会社フェニックス創業者
堂下 博司

はじめに……5
素敵なことばとの出会い……6
昔語り……10
明日を考える……16
私の描く風物詩……25
親父の小言から……39

処世術 …… 47
商いとは …… 99
大事な仲間と …… 135
そば暦 …… 173
あとがき …… 186

はじめに

常々、私は、仕事を遊ぶことが出来たら、人生これほど楽しいものは無い。と思っています。仕事をしている、させられている、と思うからキツイ、辛い、愚痴も出る。でもこれが遊びだったら、早朝であろうが深夜であろうが、まったく苦痛じゃない。時間も気にせず没頭し、疲れるどころかリフレッシュにもなる。ゴルフ然り、釣り然り、天文館然り、麻雀然り…だから、仕事を「遊び」だと思えばいい。勿論、そのためには、自由に遊ばせてくれる女房の理解が必須。家庭円満なくして仕事の成功は無い、というのが私の自論です。仕事の中に自分の楽しみを見つけることができたら世間を見る目が変わってきます。接客業なら、お客様の喜ぶことを四六時中考えて、それが見事に的中すれば、「やったぁ！」と叫びたくなるし、気持ちが奮い立つのも世の常、人の常。時間は瞬く間に過ぎ、もっと働きたくなるという有難い効果をもたらします。店の内装やメニュー、季節のイベントでお客様に「おっ！」と思わせることに面白みを覚えたら、周囲を巻き込んで大掛かりに企画する。義務じゃなくて遊びの感覚で仕事する、私はこれを「遊び心」と呼んでいます。そしてその成功を誰よりも先に伝えるのは女房であり、家族です。これが㈱フェニックスのコンセプト「遊び心がおいしい」の所以です。拙書は、普段私が口にする言葉を、お節介な友人が書き溜めた浅学にして寡聞の小言集です。糟糠の妻に捧げます。ご厚誼に与る諸兄には、ご笑覧頂ければ幸甚に存じます。

二〇二三年十一月吉日

堂下　博司

振り返るな、すべては今

素敵なことばとの出会い

私の大切にしている言葉です。

三〇年以上昔の話になりますが、今ではもう故人となられた藤本義一さんが鹿児島で講演され、お会いする機会を頂きました。藤本さんと言えば、当時「東の井上ひさし、西の藤本義一」と言われる程の有名な放送作家で、芦屋雁之助の「裸の大将放浪記」なんて本人より本物らしい山下清を描いて大ヒット。小説家としても上方落語家の人生を書いた「鬼の詩」で直木賞も取っておられました。もっと言えば時代を象徴する名？番組「11PM」の司会者。東京の大橋巨泉と並ぶ名キャスターとしてテレビの新しい時代を切り開いた方でもあったわけです。私は、関西の商いに余り好感が持てず、関西人は苦手でしたが、藤本さんとお会いして変わりました。その口からでてくる言葉のなんと新鮮なこと。曰く「生き方のうまい人間ヘタな人間その違いはいくつ頭を使えるかということ」「運は運ぶとも読む。行動しないと運はついてこない」。得たりと膝を打ったのが次の言葉「男の顔は履歴書、女の顔は請求書」「夫婦はパチンコ台、どっちかが釘、どっちかが玉にならなければどっちも釘では静か過ぎる、どっちも玉では無茶苦茶だ」その時私に頂いた言葉が

「振り返るな、すべては今」

過去の栄光なんてない、だから、新たに仕事に挑むことができる。

昔は良かった、何もしなくてもお客様が来てくれて経営は順調、世間に名も売れてチヤホヤされて、仲間たちと派手に遊んだもんだ。それが今は…後悔先に立たずというが、ああすればよかった、こうすればよかった。あいつが悪い、こいつが悪い、なんていくら考えても解決にはならない。今を見て、次を考えること。いつまでも昔の栄華にすがっていないで頭を切り替えることが、未来を開く道につながる、ということだろう。実は、この時、私より苦しんでいる仲間がいて、苦し紛れに街金に走ろうとしていたので、「過去に拘って土壷にハマるな。間違ってもおいしい話に乗るんじゃない」という言葉を添えて、藤本さんの言葉を進呈した。その効があったのか、

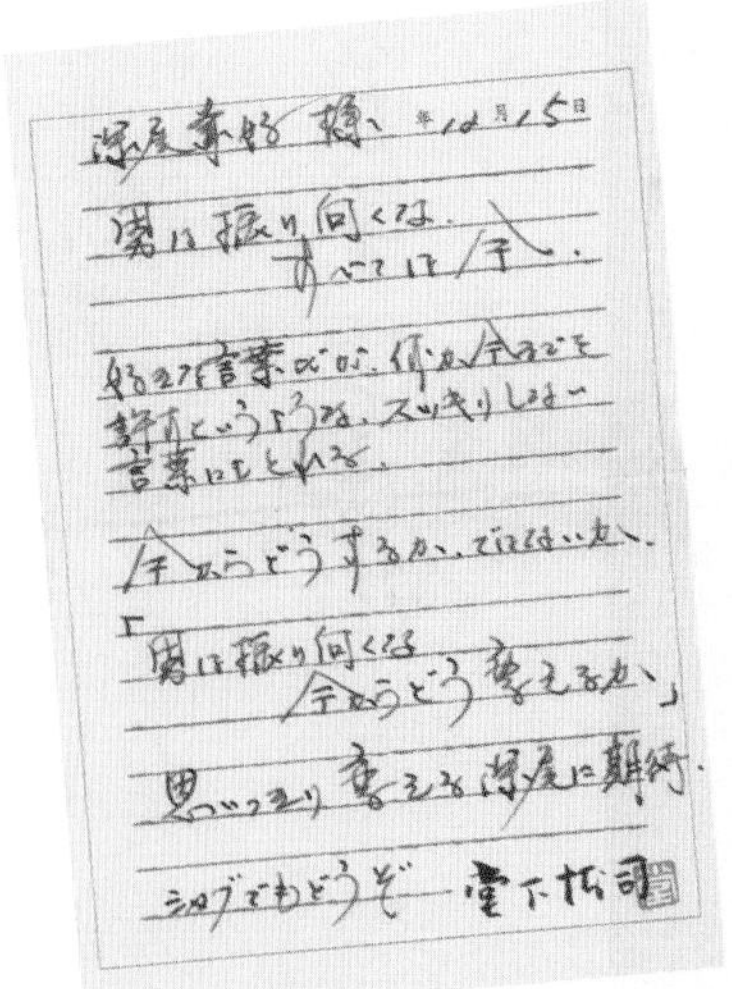
男は振り向くな。
すべては今。
今からどうするか、
「男は振り向くな
今からどう変えるか」

彼の会社は、その後順調、コロナ禍にあっても健全な経営を続けている。「振り返るな、すべては今」という言葉は木に彫られ、今も社長室の壁に掲げられている。たった一言の言葉が、人の生き方を変える例を、私は多く耳にしている。

藤本義一さん程の教養も知識もない私ではあるが、八十四年の人生で前向きに生きた毎日の中でほとばしり出た言葉、心に刻み込まれた言葉を集めてみた。多少なりとも共感して頂ける方のお力に成れれば幸甚である。

素敵なことばとの出会い

昔語り

㈱フェニックス20周年記念誌 フェニックスファミリーから抜粋

三〇年前、まだ「喜鶴寿司」は疎か「いちにいさん」や「左膳」も作っていない頃、㈱フェニックス二〇周年記念誌に記した「昔語り」ですが、考え方は今とほとんど変わらないようです。何かをやろうとする時、私はまず頭の中に図画を描きます。何度も何度も書き直して「よしこれでいくぞ！」と決めた下絵を今度は、全員で色づけしていくのです。「そば茶屋吹上庵」というお店もこうしてできあがりました。

東京でのサラリーマン生活を切り上げ、親父の味噌醤油屋を手伝っていた時から「何か人と違ったことをやりたい」と、そればかり考えていました。配達用の単車の後部に女子をのせて、当時としてはチョット危ない人種と映ってはいても、根は真面目そのもの。遊ぶ時には時間を忘れて楽しめるのだから仕事を遊びのつもりでやればいい。それなら二四時間働いても苦痛にはならない。それには自分で事業を起こさねばとなったわけです。あれこれ考えて目をつけたのが冷凍食品。どうせやるなら人の商品じゃなく自分でつくった商品を売ろう。その方がやり甲斐も、もうけも大きいに違いない。銀行を拝み倒して工場を建てて弟と二人で「サァ、カレーを作ろう！」―とここまではトントン拍子に進んだのですが、素人のカレーじゃ売り物にならない。

「おいしさ」を
一つ一つ
詰め込んでゆく

作っては捨て、作っては捨て、人目を避けて新川に何千食というカレーを捨てたこともありました。それでも、何とかもち直して薩摩川内で給食を始めることになりました。学校給食といっても、はじめての経験です。毎日車で下西部長と川内まで走り、立ちづくめで働いて帰りの車中、コーラビンで土ふまずをマッサージするのが日課でした。そんな中で一枚の図画を書きだしたわけです。外食産業といっても、洋食は大手のチェーンが目白押しだけど、そば屋というのは少ない。そば屋にしよう。そば屋となると、これはもう茅葺の峠茶屋。水車がカッタンコットン音を立てていれば「おいしいだろうな」なんて昔ばなしの世界を考えました。自分の頭の中に描いた絵の中に「おいしさ」を一つ一つ詰め込んでゆく、この過程が一番楽しいのです。丸徳建設の義兄に相談したら大反対。「何とかしてやめさせなければ」と一族郎党思案を巡らしたらしいのです。が、何といってもこちらは頑固、やると言ったらやる。いろんな方々のお骨折りで、場所は決めたが後が進まぬ。建設会社にポーンと大金をはたいて頼む余裕はなく、まずは一家総出で山に入り茅の切り出し。身体が埋まるほどの茅を背負って、ふと前を見ると茅のダルマが一個、ポンとけったらコロコロところがって女房がでてきた。今では笑い話ですが、これはかなりハードでしたね。何でも本物じゃないと気が済まないので周囲にも相当無理難題を押しつけてきたと思います。水車といえば、地松で組んだ向打ち水車。館の柱は太さ、組み方ともにドッシリとした昔造り。屋根は勿論、竹組み茅葺き。これが実は困り物で、探し回れども品不足。三年に一度の茅替えと台風の為、無理を言って確保してもらっています。

一つずつおいしさを積み上げて、一枚の図画が完成したわけです。吹上庵は現在七店舗（令和五年現在は、そばつゆ巧房、道場を入れて十五店舗）。味が日によって違うことのないように、毎日本部でその日のそばを試食するのが日課になっています。大ゲサに言えば、鹿児島の食文化を作りたいというのが私の夢。その道筋は、給食からそば、そばから次はステーキへと広がったわけです。ステーキといえば神戸、神戸でじっくり策を練り、ステーキを食べるために、店の前に行列ができる、そんな店をつくりたいと思いました。私はミスが嫌いです。ミスが恐いんです。だから、すべてをマニュアル化してきました。完璧なマニュアルはミスとロスを無くし自社のノウハウになる。接客業ですから、お客様の評価が第一なのです。現在、当社の身内はパートも含めて三五〇名（令和五年、現在は一〇〇〇名弱）。全員が内側からフェニックスフーズ（現在は㈱フェニックス）という会社を見ています。私一人だけが外からお客様の目で注文をつけるわけです。そんな細かいことまで、とよく言われますが、そのささいな事が大事なのです。横向いて接客する、それだけでおいしさが半減します。トイレが汚れている、それだけでお客様を失います。一所懸命働いたその努力を無にしないために完璧を期すのが私の理想です。まだまだ夢は広がっています。そば道を完遂するために更科の別処をつくり、今度は、そばで酒が味わえる左党の左膳を開設します。素敵庵をはじめ、業態を変えた外食部門にも積極的に参入したいと思っています。そして最後は食文化への貢献事業です。二枚目の下絵は、まだ描き始めたばかりです。フェニックスフーズの二〇年を支えていただいた従業員、パートの

昔語り

皆さん、そしてフェニックスフーズにご声援くださる諸先輩、協力会社の皆様に心より感謝申し上げます。歴史のある会社から見れば、たった二〇年ですが、私共にとっては皆様に励まされ、一所懸命の二〇年でした。従業員の幸せなくしては企業の反映はないと痛感しています。これからもまだまだ御力をお貸しいただきたく思います。何卒、末永いおつきあいをお願い申し上げます。最後に私事ながら、五年前米寿を迎え、満足してあの世へ旅立った親父の寿命に、親孝行の真似事ができた感謝を申し添えます。

合掌

令和四年十月吉日

過去はもう過ぎ去った事
結果が出てるから嘘はつけない。
でも明日をどうするかは、
未だまだこれから
未来のことなら、
いくらでも法螺が吹ける。
それをホントにするために
頑張ることに一生かけてもいい。

考える

過去の業績を並べ立てて自慢することなんて何の意味もないと思っています。ここで、この時点で私の仕事が終わるわけじゃない。未だまだ人生は薔薇色、成功もあれば、失敗もある。何かにチャレンジし続けることで目いっぱい命を燃やしたい。この歳になっても、次から次に仕事を生み出しています。事業に完成はないんです。だから、「吹上庵」も「いちにいさん」も他の店も思いつく限り手を入れていきます。新しい業態に参入することも考えていますよ。一所懸命取り組むのが性分なんでしょうね。そりゃーきつい時もあります、つらい時もあります。不思議とそれが楽しいんですね。勿論、飲食産業を担う次の世代の方々が、私の成功例、失敗例を自分のビジネスの参考にされるのは大いに結構、有り難いことだと思います。でも、もっと大事なのは、過去のデータをそのまま真似るのではなく、新しいビジネスビジョンの構築に活かすこと。時代が変われば世相も変わります。常に、今のお客様が何を求めているかを頭の中に入れておきたいものです。

明日を

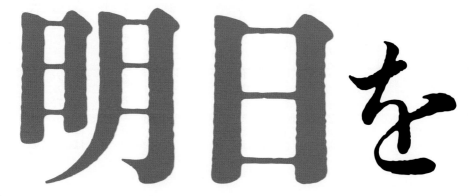

新しい業態を始めればライバルはいない。自分に勝てば勝者になれる

流行りの業態は、誰でもやりたがるのですが当然、強力なライバルだらけ。苦労してようやく勝ち残った頃にはブームはすでに去っているというのが常。だから、目先を変えてみる、考え方をちょっと変えてみる、それだけで新しい業態が生まれます。お箸で食べるステーキの「素敵庵」然り、揚げたての天ぷら「左膳」然り、そばつゆ仕立て黒豚しゃぶの「いちにいさん」然り、他にも手土産最中の「ばあちゃん家」。新しいところでは寿司の脇役を主役にして海苔巻きの「のり一番」なんて新業態で勝負を挑みました。そして、ワクワクしながらお客様の反応を見る。こんな楽しいことは他にないですよね。

走りながら考える

思い立ったら、すぐ実行しないと気がすまない性格なんでしょうね。あらゆる角度から検討し尽くして、それから事を起こす、という経営者もおられますが、私は出店も改装もメニューの変更もある程度目処が立ったら即、行動を起こします。形にしてみなければ気が付かないことも多く、頭の中で考えたことが、現実では不具合ということも。だから、工事中、制作中の大幅変更はどんどんやります。「左膳」という店は、開店してから座敷を壊しカウンターを増設し駐車場を買い取り、メニューも売れるまで変更しました。つまり、走りながら考える。熱情が続いているうちに決断する。これは閉店の際もおなじですね。

素っ裸で人と付き合う

私は、人と語り合うのが好きなんです。特に、創業者の頑固おやじに呼びつけられて、緊張しながら睨みつけている若い方々と話すと元気がもらえるような気がします。「素っ裸にならんか！」いきなり怒鳴りつけてやると、もうみんなタジタジ。誰それの紹介、有名店でのキャリア、そんなものはどうでもいいんです。「会長を尊敬してます」そんな世辞も不要。

お飾りの肩書、縁故、言葉も全部棄てて、素っ裸で人と付き合うことができたらそれが最高。私の父は三〇年前、米寿を迎えて永眠しましたが、最後に、素っ裸になって背中を流してやりました。八八年続いた親父と息子という素の関係、文字通り素っ裸の付き合いですが言葉はなくても心は通じたと思います。

私は新しい事業を始めるとき

1枚の図面を描きます

そば茶屋吹上庵なら、美味しくそばを食べる場面から−水車がコットンコットン廻っている。できれば茅葺き屋根で柿の木があって、井戸には西瓜が冷えている。当然裸電球、囲炉裏も欲しい…そんな夢のスケッチに、みんなで色を付け、形を造り、味を作り出してお店が生まれます。でもそう簡単には実現しない。だから面白い、だからやりがいがある。失敗を繰り返して楽しい物語が出来上がるのです。

いつ見ても、お店が綺麗ですね。

とよく言われます

吹上庵というお店が五〇年経っても老朽化しないと言われるのは、私が朝から晩まで目を光らせているから、というだけではないのです。従業員の一人一人が心の中にモノへの愛着とか人への愛情を宿しているからそれが言葉や所作に現れる、ということ。私は壁にモノをベタベタ貼るのは好みません。必要なモノを必要な場所に整然と取り付ける。置かれているものには、皆それぞれに意味がある。それが吹上庵という店のアイデンティティーを生み出していると考えています。お店を理解し、お店が好きになれば、自ずと手入れが行き届き、魂の宿った店になります。また、そんなお店に誇りを持つことが接客にも反映され、言葉遣いや所作にも現れます。

「宿す」という言葉でもう一つ

よく吹上庵のマークロゴはどなたの作品ですか？

と聞かれます。

昔ながらがいい—
そば茶屋《そばどころ》 吹上庵

実は、開店当初「私は蕎麦が大好きで、この店が気に入っています」と来店されたお客様が、一組のイラストを持ってこられました。それが、吹上庵の水車小屋のマーク。「よかったら、この図案使ってください」と置いていかれたのをそのまま頂きました。調べて見たのですが、名前も住まいも全くわかりません。まるで仙人のようです。でも、その方の思い入れがこの看板に宿っているんでしょうね。大事な宝物です。

私の描く風物

詩

「おやっとさぁ」と一日を労う

茶屋

ゆくさ
おじゃった
もした。

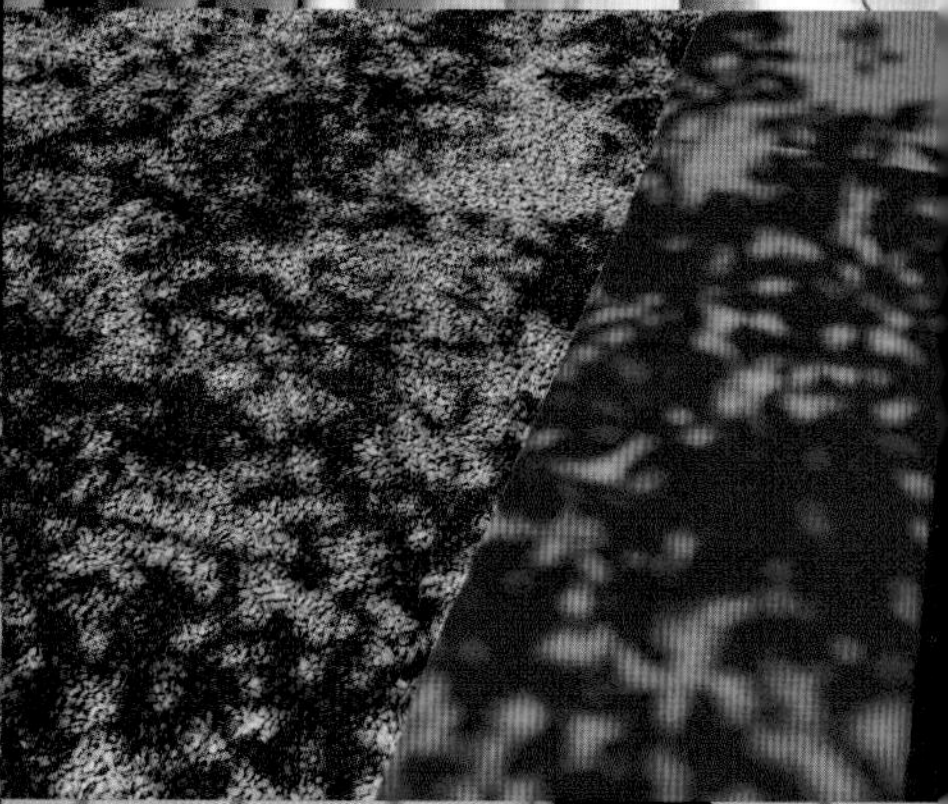

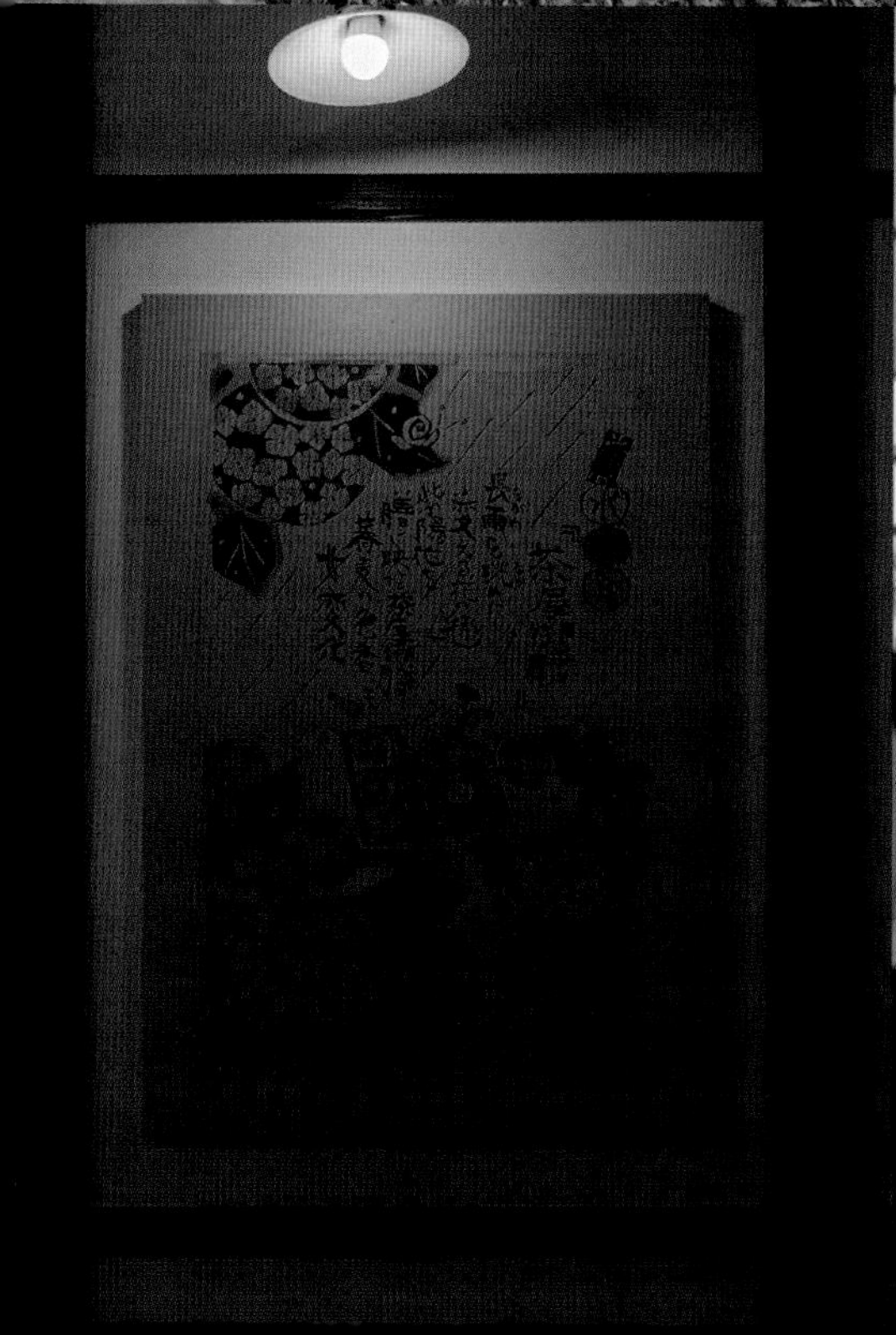

残しておきたい風景がある

一つ
間違えば
味が
変わる

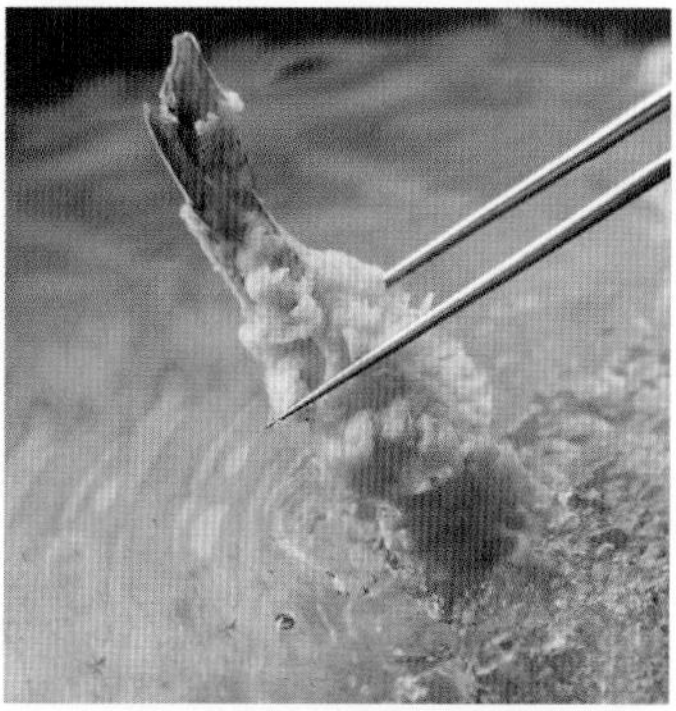

笑う門には
神が憩う

一こね、二延し、三包丁

語ることは
心を満たす
呑むことは
心を解す

私の描く風物

詩

親父の小言から

「田舎で勉強するより
都会で昼寝しろ」

インターネットや通信インフラの整備が進み、都会と田舎の情報格差は随分と縮まりました。都会の情報は瞬時に地方に伝わり、リモートによる行政や教育などのサービスも充実してきました。だけど、目で見て、耳で聞く情報は同じでも、心で、肌で感じる空気が違うのです。目を奪う中吊り広告やビルボード、絶え間なく行われるイベントやプロモーション。いろんな国の料理やブランドショップなどなど、昼寝していても感じる時代の流れや、街を歩くだけで飛び込んでくる雑踏の中のノイズは、インターネットでは伝わりません。都会での刺激を田舎に持ち帰ることも大事なことだと思います。

「金を残して下とする
仕事を残して中とする
人を残して上とする」

人は、その一生において何を残そうとしているのか？財を成すことは罪ではないし、新しいビジネスを切り開くことも決して悪いことではありません。むしろ称賛に値することでしょう。でも、一番大切なのは、一人の人間の知識や経験、歴史や価値観を、次の世代に伝え役立ててもらうこと。つまり仕事や私生活の中でのつながりや絆を大切に、自分という人間のＤＮＡを引き継いでくれる人間を育てること。これに勝る人生の価値はないと思います。

「お茶はその日の難逃れ
朝飯は必ず摂れ、脳が死ぬ」

おはようございます、いただきます、
ごちそうさま、いってまいります。
身体が目覚め、朝食と共に脳が
活性化、そして心が目を覚まします。
新しい一日は、身体にエネルギーを
蓄え、心にはゆとりを持ってスタート
させたいもの。仕事も夢も、追われる
ものではなく、自らが追い求めるもの
です。走りすぎて疲れたら、壁にぶつ
かり迷ったら、ブレイクを入れることで
自分のリズムを整え直しましょう。忙
しい時にこそ、茶一杯のゆとりが大切。
ついでに朝出かけに梅干しを一個。
酸っぱい顔の先に元気が見えます。

処世術

仕事に厳しく
人には優しく
川は下からは濁らない

産業廃棄物や生活排水といったもので、
川の上流が汚染されたら、
下流域では生活環境はもとより生態系にまで
影響を及ぼすことがあります。
これは仕事にも言えること。
上に立つものがいい加減であれば、下は右往左往するばかり。
流れが滞って澱んでしまえば、それでアウト。
リーダーには、大きな流れを生み出す
影響力が求められます。
だからこそ、厳しい姿勢で、妥協を排し
真摯な態度で仕事に取り組む一方、
人間関係においてはコミュニケーションを大切に、
優しさと思いやりを持って接することが求められます。

事業経営に地図は無い
仕事に終わりは無い
仕事に答えは無い
あるとすれば…
結果だ

挑み続けることでしか
人は望む結果を手にすることはできません。
刻々と進みゆく時代に
一瞬にして変わる情勢にいち早く
アジャストしながら、
正解の見えない道をただひたすら進み続けるだけ。
時には、立ち止まる勇気を持ち
引き返すことを恐れず
常に全力を尽くすことができれば
その先には必ず結果が待っています。

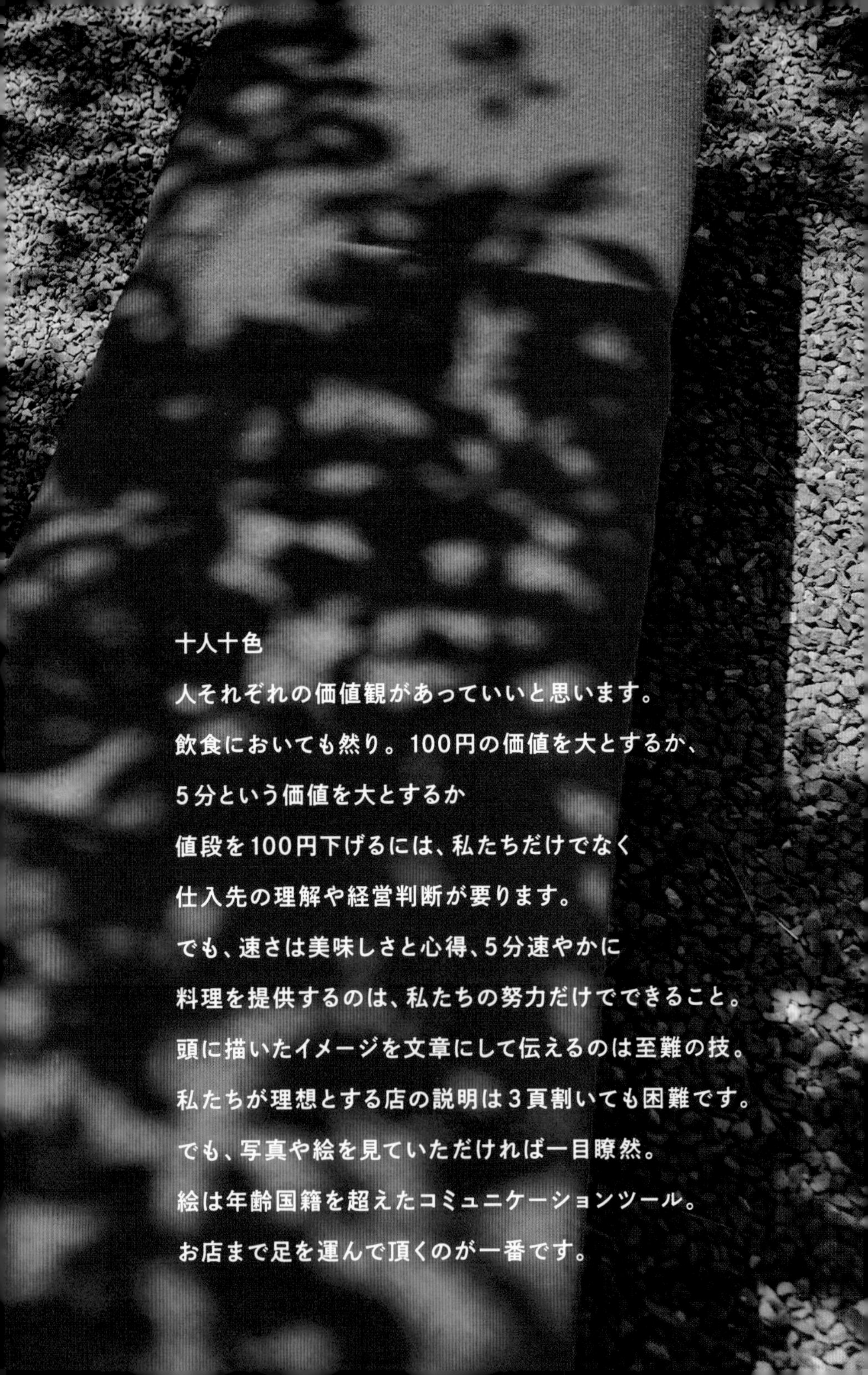

十人十色

人それぞれの価値観があっていいと思います。

飲食においても然り。100円の価値を大とするか、

5分という価値を大とするか

値段を100円下げるには、私たちだけでなく

仕入先の理解や経営判断が要ります。

でも、速さは美味しさと心得、5分速やかに

料理を提供するのは、私たちの努力だけでできること。

頭に描いたイメージを文章にして伝えるのは至難の技。

私たちが理想とする店の説明は3頁割いても困難です。

でも、写真や絵を見ていただければ一目瞭然。

絵は年齢国籍を超えたコミュニケーションツール。

お店まで足を運んで頂くのが一番です。

百円の安さより
五分の早さ
三頁の文章より
一枚の絵

吹上庵 吉野店（830×750mm）

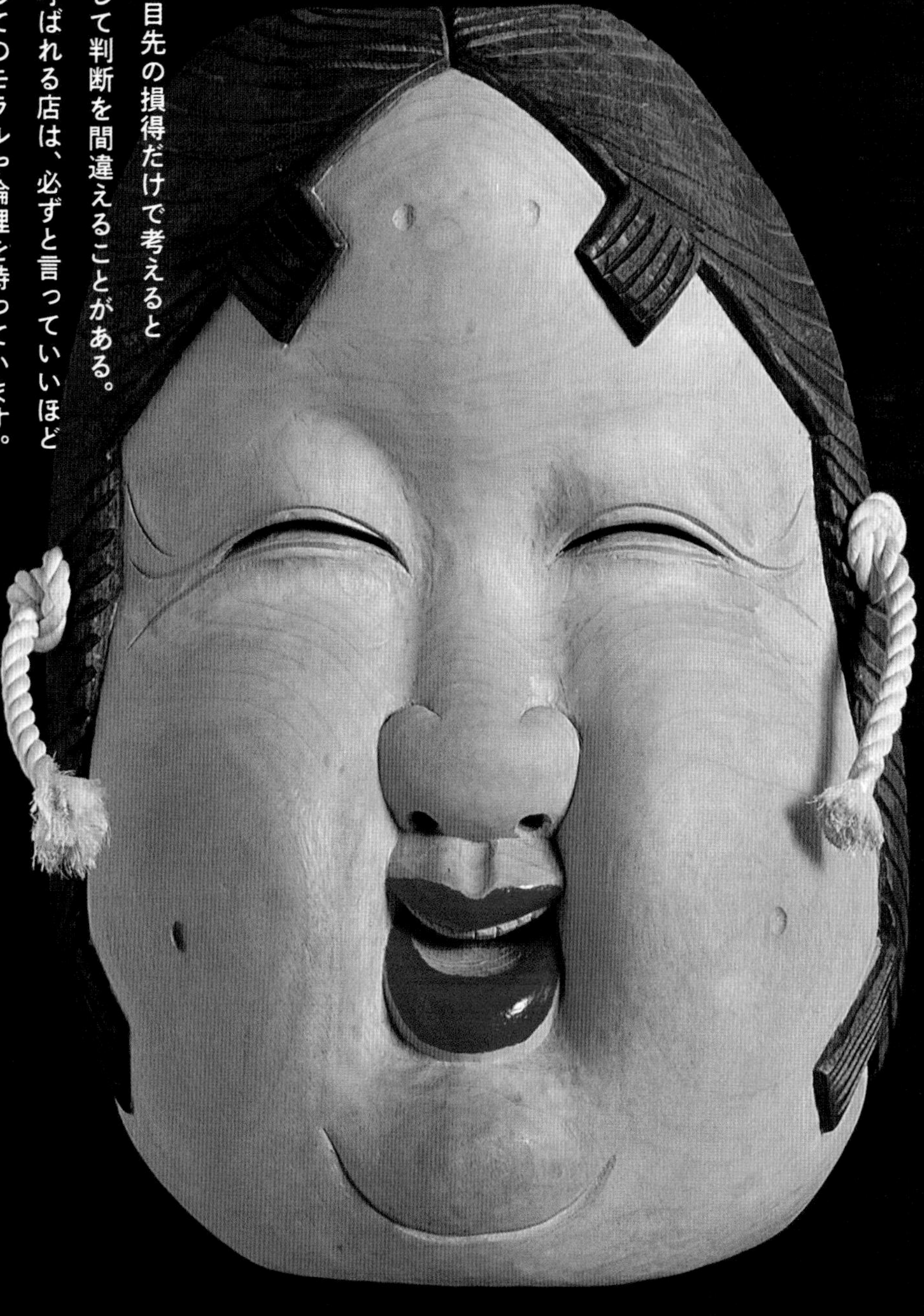

物事を、目先の損得だけで考えると
往々にして判断を間違えることがある。
老舗と呼ばれる店は、必ずと言っていいほど
商人《あきんど》としてのモラルや倫理を持っています。

お客に有利な商いを毎日続けろ。

「毎日仕事があることが幸せ」
と思える仕事を作る

私の考える仕事は、
それだけではありません。
仕事とは与えられるものではなく、
自ら探したり産み出したりする、
「学び」や「遊び」のようなもの。
あるいは、
生きること＝LIFE
そのものかもしれません。

【仕事：生計を立てるために従事する活動。】

豊かだから
与えるのではない

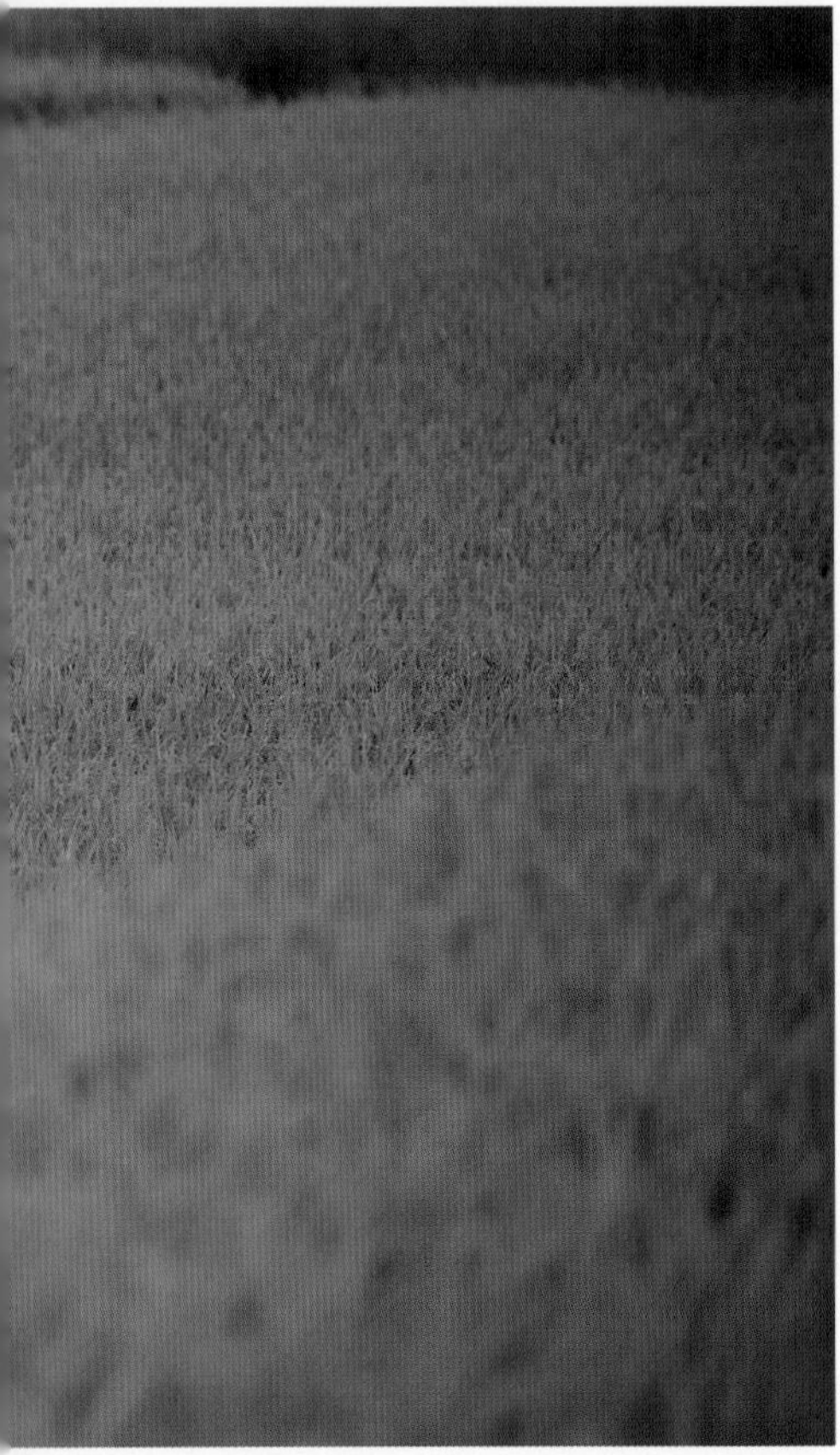

与えるから豊かになるのだ。

両の手に抱えきれないほどの富を持ち、

溢れこぼれ落ちた富を誰かに与える。

それが、人間としての本当の豊かさなのでしょうか？

与え分け合うことでしか手に入らない豊かさがあるのです。

戦うことは、争うこととは限りません。

戦いは挑戦であり、争いは対立です。

敵を定め争うことだけでは

夢や目標に到達への道は遠のいてしまいます。

戦わずして勝つのが一番。

戦うべき相手は自分自身なのです。

強い

勝つ人は
強い、
譲る人は
さらに

人生には三つの坂がある
上り坂。
下り坂。

そしてまさか、
魔の坂。

人生に〝まさか〟はつきものです。
万事うまくいっている時にも
物事がうまくいかず
悪戦苦闘している時にも
容赦なしに思いもかけない事態は
襲いかかってきます。
もしかしたら、今この時
既に魔の坂に陥っているのかもしれません。

登っても峠が見えぬ

物質的、精神的、身体的、社会的人間の欲望には限りがない。
もちろん夢の実現も欲のひとつではあるでしょう。
欲望を手に入れるために頑張っているつもりが
いつの間にか欲望そのものに支配される。
夢を追いかけているつもりが、夢に追いかけられてしまう。
それでは、なんのための努力かわかりませんよね。

欲の道

昨日と同じ今日があり今日と同じ明日があるのでは

人間の細胞は毎日生まれ変わっている。
昨日より今日、今日より明日
時代は目まぐるしく進化し、
商いを取り巻く状況は
変化してゆきます。
変わることを恐れてはいけない。
変わってはいけないものを守るために
変わり続けてゆく勇気は必要なのです。
変化がなければ、進歩はない
今が一番新しい自分なのだから。

進歩は無い！

勝とうと思えば負かされる

過度な執着や欲望は、時として判断を狂わせるもの。
絶対に負けたくない、損をしたくないと
固執する気持ちがプレッシャーとなり
本来のパフォーマンスを発揮できないこともあります。
勝ったとか儲かったというのはあくまで結果。
努力の後からついてくるものです。

儲かろうと思えば損をする

計画満点

あ、して　こうして

実行せぬはただの

無駄。

どんなに綿密な計画も
実行できなければ
ただの絵に描いた餅です。
まずは、動いてみること。
計画に時間をかけ過ぎて
せっかくのチャンスを
逃してしまったのでは
何のための計画かわかりません。
刻々と変化する時代や
状況を見極めながら
実行の過程で計画は
いくらでも変更できます。

冬の厳しさを
超えないと
春の暖かさに
行き着かない
冬の厳しさを
知らないと
春の暖かさは
解らない。

氷が溶けたら水になる
雪が解けたら春が来る
という言葉もあります。
一年の中で、一番好きな季節は春です。
野山には新しい生命が芽吹き
人々は新しい出会いや旅立ちに胸を膨らませます。
厳しい冬を乗り越えてきた人は
誰よりも春の訪れを歓び
暖かさを楽しむことができるのです。

夢を求めて

苦しいことから逃げると
楽しいことも遠ざかる。
夢を追い求めて全力で走り続けると
喜びと充実感、辛さと絶望感が
交互に訪れて来ることでしょう。
夢に執着し過ぎて二進も三進もいかない
苦に至ることもあります。
夢は見るものではなく掴み取るもの
苦を避けていてはその先にある
夢を追いかけることはできません。
苦もまた楽しむくらいの
気構えが必要です。

苦に至る

言い訳に勝って、

失敗には、必ず理由があります。
言葉を尽くして
その理由を正当化できたとしても
結果から逃れることはできません。
状況を読み違えたのか
予期せぬアクシデントに見舞われたのか
自分の努力が足りなかったのか。
どんなに言い訳しても負けは負け。
次の挑戦の始まりです。

仕事に負けていないか？

探せ

欠点を捜すより接点を捜す

他人の悪いところは
目につきやすいものです。
他人の欠点に批判的になるより
長所を探し
繋がっていける方法を考える。
上司と部下でも、家族や友人でも
より良い関係を結ぶためには
ポジティブな視点から
アプローチすることが大切です。

常に努力せよ、

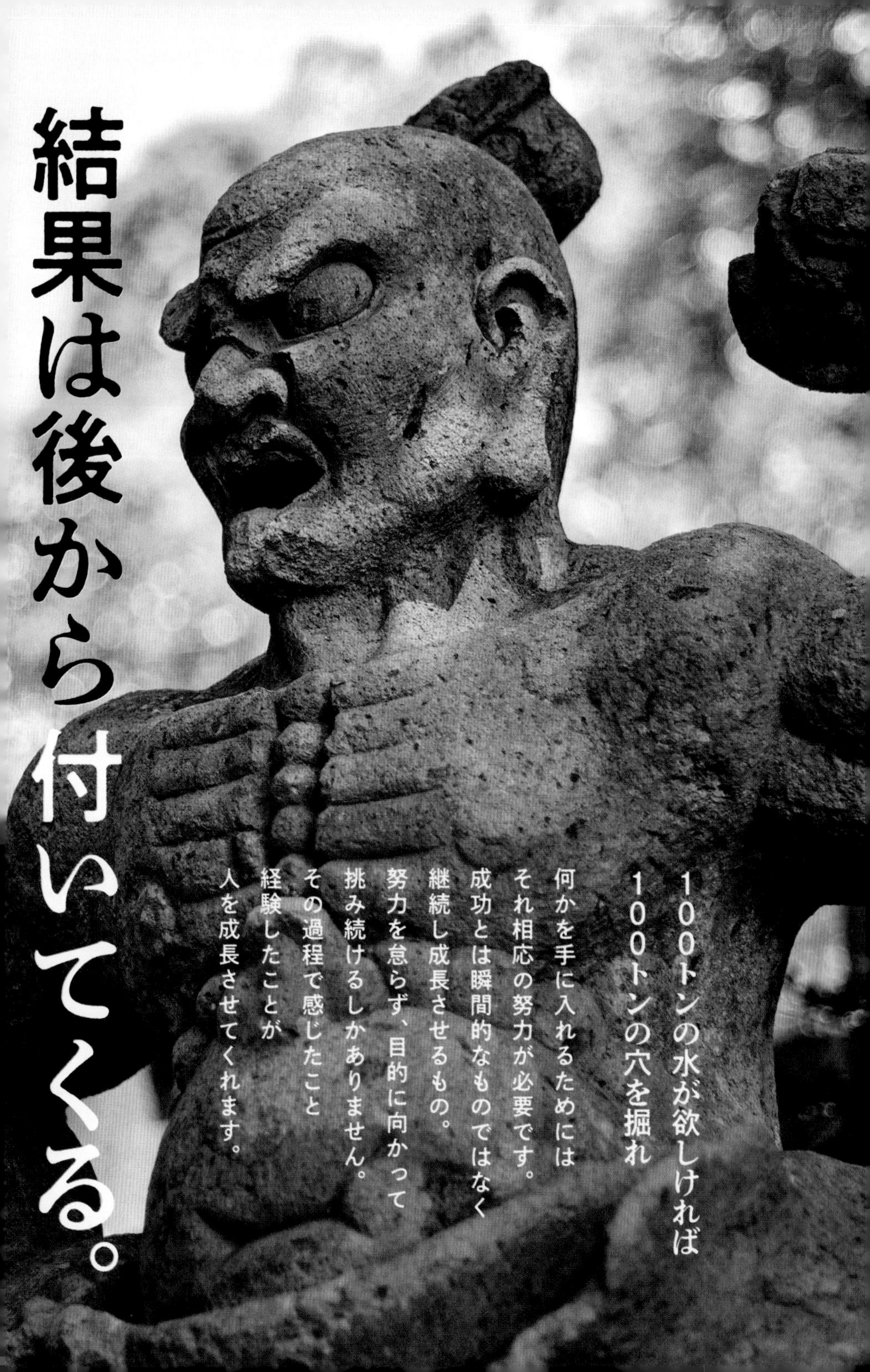

結果は後から付いてくる。

100トンの水が欲しければ
100トンの穴を掘れ

何かを手に入れるためには
それ相応の努力が必要です。
成功とは瞬間的なものではなく
継続し成長させるもの。
努力を怠らず、目的に向かって
挑み続けるしかありません。
その過程で感じたこと
経験したことが
人を成長させてくれます。

チャンスは
貯金できない！

今は、今しかない。
一度逃したチャンスは
もう二度と訪れてはくれません。
突然姿を現すチャンスに気づき
手に入れるためには、時代の潮目を読み
攻め時と引き時を見極めることも大切。
チャンスはいつでも
私たちのすぐ目の前にあるのです。

成功法より勤勉法
記憶力より理解力
経験より挑戦

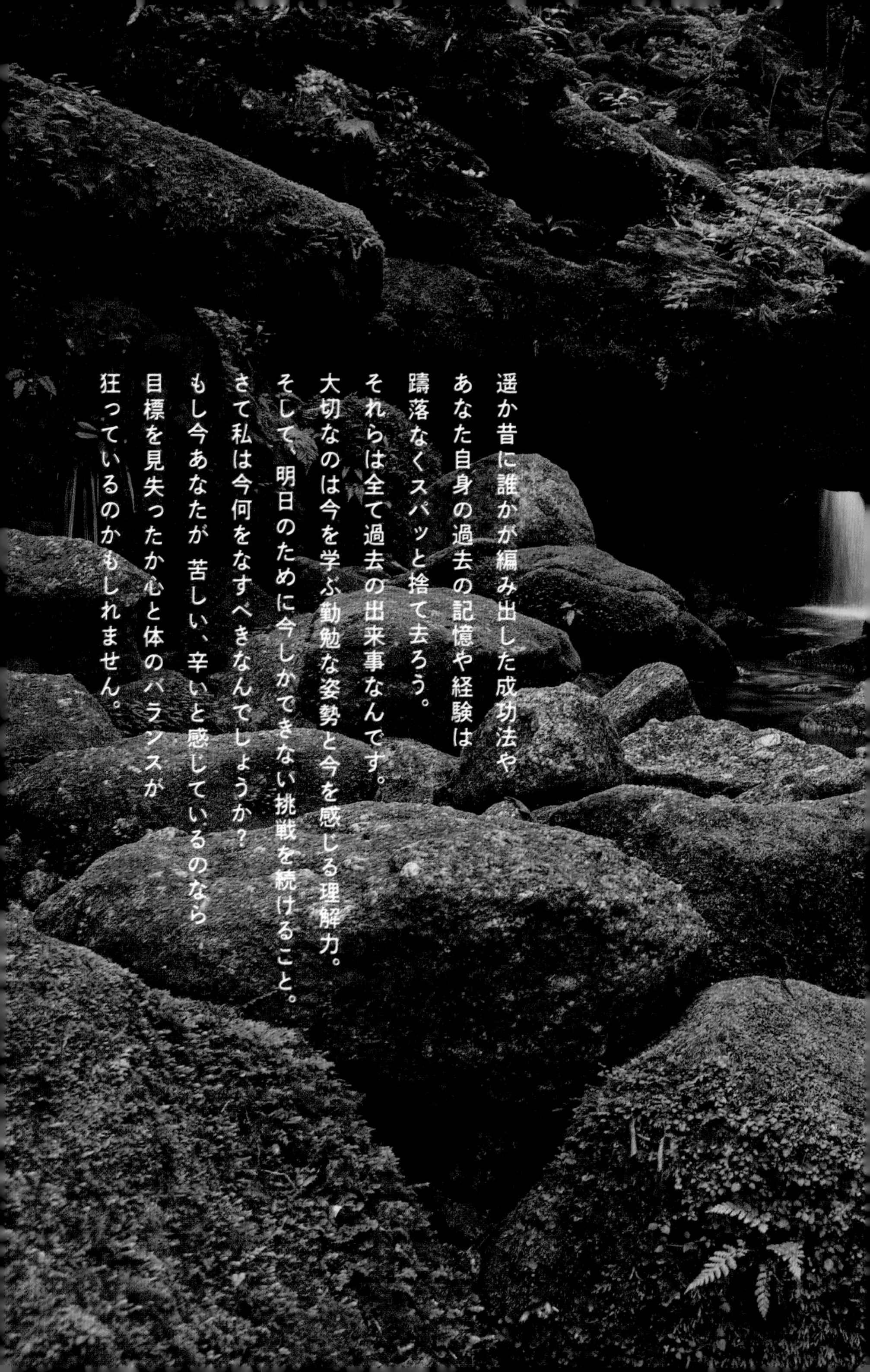

遥か昔に誰かが編み出した成功法や
あなた自身の過去の記憶や経験は
躊躇なくスパッと捨て去ろう。
それらは全て過去の出来事なんです。
大切なのは今を学ぶ勉強な姿勢と今を感じる理解力。
そして、明日のために今しかできない挑戦を続けること。
さて私は今何をなすべきなんでしょうか？
もし今あなたが 苦しい、辛いと感じているのなら
目標を見失ったか心と体のバランスが
狂っているのかもしれません。

借り着より洗い着

蟹は自分の甲羅に似せて穴を掘る

借り物で着飾るより、手入れの行き届いた自前の服で生きる。
見栄を張ることなく等身大の自分を曝け出す。
身の丈にあった生き方とは、そういうこと。
自分が成長すればするほど、その器もまた大きくなるのです。

傷は

誰だって傷つきたくはありません。
しかし、傷つくことを恐れない勇気は必要です。
傷をつけるなら、できれば背中ではなく立ち向かうその眉間に。
傷は男を研磨してくれます。

と思え

男の無恥

苦難は
不自然な生活とこころの歪みを写す

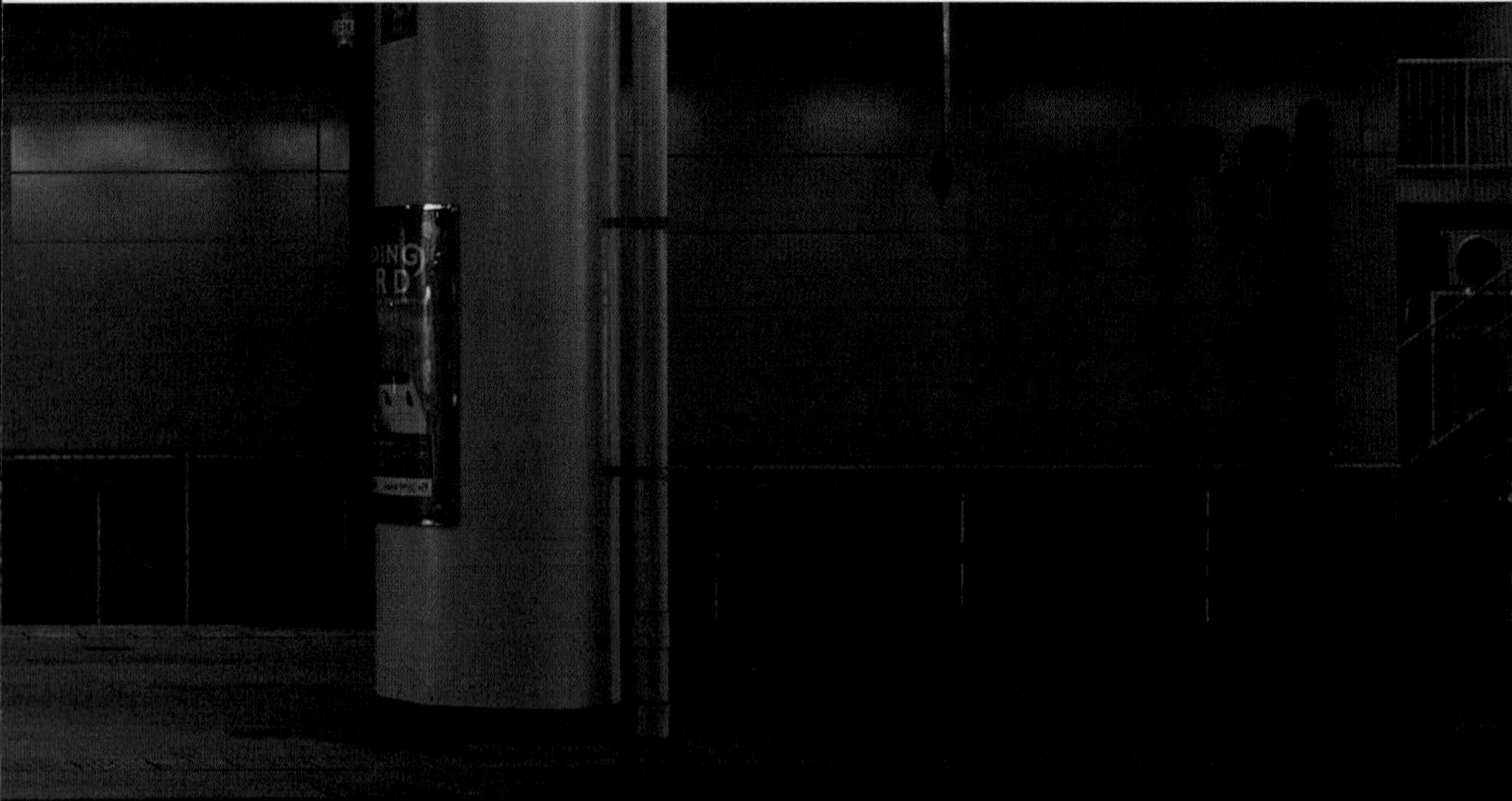

疲れを知らずボールを追う
サッカー少年が全く関心のない
水泳の練習を強要された時
果たして、耐えられるでしょうか？
活動に満足している人間なら
目標完遂のため、生活を糺し
健康を維持し、
苦難を感じることなく
一途に頑張れるのです。

危険信号である。

苦難は
あなたを　殺そうとしない。
NO STEP
STEP

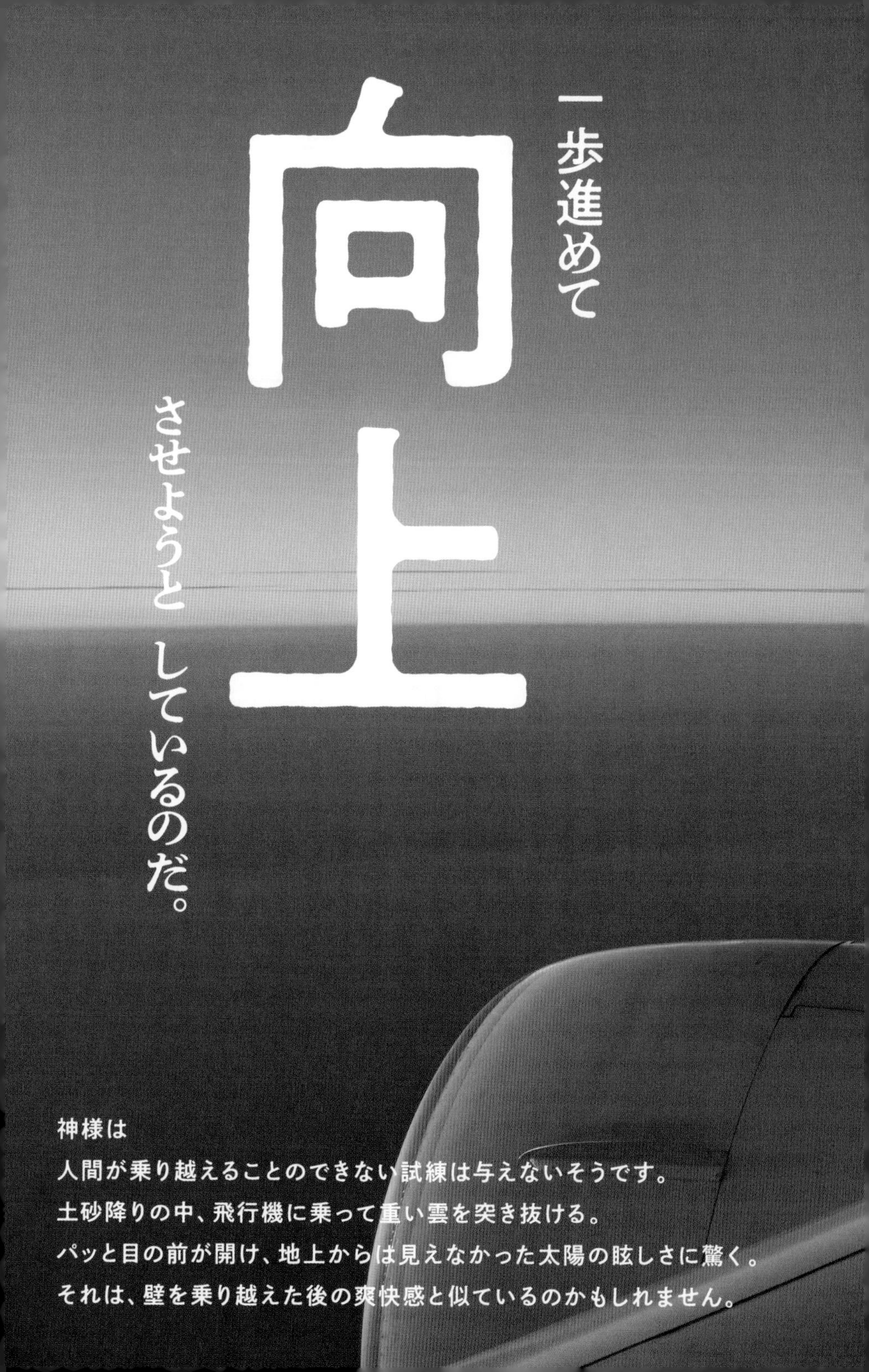

一歩進めて
向上
させようと　しているのだ。

神様は
人間が乗り越えることのできない試練は与えないそうです。
土砂降りの中、飛行機に乗って重い雲を突き抜ける。
パッと目の前が開け、地上からは見えなかった太陽の眩しさに驚く。
それは、壁を乗り越えた後の爽快感と似ているのかもしれません。

幸せは見えず
誰にも知れず

だけど確実に傍に在る。

愛とか勇気とか自由とか
私たちにとって本当に大切なものは
目に見えないものがほとんどです。
幸せを他人と競い合うことも
他人と比べて自分の不幸を嘆くことも
そこに意味はありません。
心を静めて自分を見つめ直してみてください。
おそらくあなたは
もうすでに幸せを手にしています。
幸せは見るものではなく
感じるものなのです。

自分の幸せは

家族《つま》が喜ぶことでもある。

どんなに仕事に成功しても
どんなに富を手にしても
それが真の幸せとは限りません。
幸せを一人で作ることはできません。

世の中の役に立っている
誰かが喜んでくれる。
今日も妻が笑っている。
ああ私は今、幸せです。

商いとは

商いとは「飽きない」生業をいうと思っていたら律令時代と言われた昔、物々交換を行う市で農業や漁業、製陶業や手工業などの生産に従事せず、市での販売代行を専業にする職種が生まれた。この職種は、収穫の秋を担うことから「あきない」と呼ばれたそうである。

社訓とでも言うような言葉。

すべての「食」の歓心のために
どうしたら、お客様に満足を
差し上げられるだろう。
これが永遠のテーマである。

仕事に厳しく
人には優しく。

攻めと守り
目先と遠望
情と非情
仏の顔と鬼の顔
その相対するものを同時に持ち
使い分ける厳しい人こそ経営者の鏡。
自分の中にそれがあるのか…
西郷隆盛のような情は人を動かすが
事業を仕切るには大久保利通の冷徹さが要る。

人はどこで評価するのか

一言でいえば「律儀な人」だろうか
律義とは実直で義理堅いこと。
義理とは人に対して務める道
交友関係や対面上必要な
道理を弁えた礼儀正しさの事である。

真剣だと知恵が出る
半端だと言い訳が出る
いい加減だと愚痴が出る

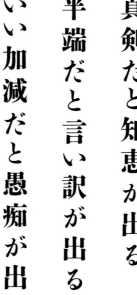

店長の資質

カッコいい店長とは

一緒に仕事をしたいと思う人
言ったことと行うことが同じ人
清潔な印象を与える人
金癖、酒癖、女癖のない人
前向きに物事を解釈する人
ひとの心の痛みがわかる人
率いる部下の矢面に立てる人
決めたことはやり通す人
夢のある人

カッコ悪い店長とは

落ち着きのない人
言行が異なる人
不潔な印象を与える人
癖の悪い人
悲観的に物事を解釈できない人
自分の事しか考えない人
部下のせいにする人
言い訳ばかりする人
愚痴ばかりで反省しない人
夢のない人

みんなが幸せになりたいと願っている。
自分をごまかすな　自分を甘やかすな　労力を惜しむな　みんなのために行動しろ！

商いの基本とは

一、いかに入り（売上）を多く、出（仕入れ）を少なくするか。
二、仕事はシンプルに、複雑な問題をシンプルにこなす。
三、終わったことは捨てよ。常に新しいことを考え、持ち込め。

「商人とは」

気取らず、威張らず、押し付けず
敷居は低く、腰低く
にっこり笑って人の世話。

「サービスとは」

パテントは無い。
物のサービス・心のサービスには
返品もない。

「若者へ」

自分に挑め、自分を超えろ
それは君しだい。
止まるな、兎に角、前へ進むのみ。
何をやっても人生は一度きり。

価格競争は愚の骨頂

資本力の大きい方が勝つに決まってる。
どこにも負けない味と、接客、清潔
お客を孤独にさせない会話接客の徹底これで勝てる！

成功より成長

社員が成長できない会社はつまらない。
火のついたロウソクのように人に残された今は、刻一刻と短くなる。
その限られた時間の中で、生きる意味を突き詰めれば
寸暇を惜しんで、自己研鑽することではないのか。
会社はそのためにこそ必要な場所。
社員が成長できない会社はいらない！

日々新たに

失敗は終わりでは無い。それを追求することで失敗の価値が生まれる。
学歴など関係ない。学校は社会に出るためのウォーミングアップに過ぎない。
意欲さえあれば、その数倍の知識も技術も社会が与えてくれる。
成功も糧、失敗も糧、日々新しい自分を取り戻せ！

常に進化・変化

生き残った動物は、強いから生き残ったわけでも、大きいから生き残った訳でもない。
常に環境の変化に順応してきたから生き残った。
売上とか、会社の規模など、大きさを誇る時代ではない。
時代に適応する変化で、長期に渡り事業を継続化させることが肝要。
常に変化する経済、社会の流れの中で上手に対応できた企業だけが生き残れる。

心の準備

愚痴を言うな、その暇があったら仕事を覚えろ
世の中は廻っている。そのうち君の出番がきっと来る。
その時のために、今、しっかり準備しておけ。
仕事を磨くより、人間を磨け。
日頃から備えを怠らない者だけが
少ないチャンスをものにできる。

諦めるな、慣れるな、頼るな、群がるな。
感動を失わないために…
私の親父は死ぬ前日まで（感動）驚いていた。

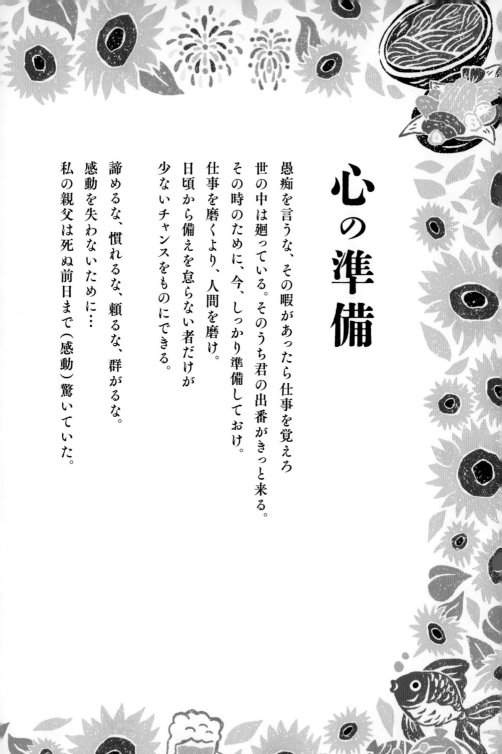

覚悟

自分の行動の全てに
「覚悟」することで
強く逞しい人間になる。

仕事に答えは無い
あるとすれば結果だ
仕事に線路は無い
仕事に終点は無い
仕事に完成は無い
だから仕事に夢がもてる

万両の値打ち

働いて一両
手足を使って一両
考えて十両
頭を使って十両
儲けて百両
知恵を出して百両
見切って千両
思い切りで千両
無欲で万両
無欲で辿り着いて万両の価値をなす。

楽しく飲むコツ

一つ…人の話に口を挟むな

一つ…我儘を言うな

一つ…明日の仕事を考えて飲め

一つ…手持ちの金で飲め

三惚《サンコツ》れ　三溺《サンデキ》れ　三だけ

女房に惚れ　金に溺れ　そこだけ
仕事に惚れ　女に溺れ　今だけ
町に惚れる　酒に溺れる　自分だけ

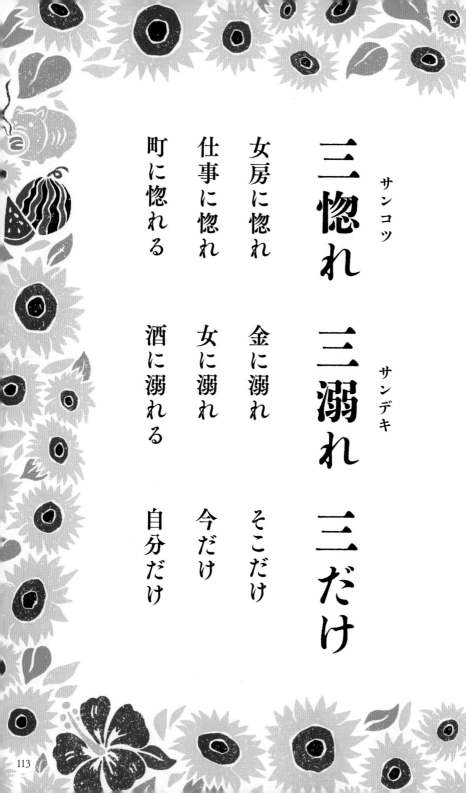

伸びる会社は社員全員が頭を使う会社

二十代は「私はこうしたい」
三十代は「私はこうできる」
四十代は「私はこうしている」
五十代は「私はこうしてきた」
六十代は「夕飯にありつけた」

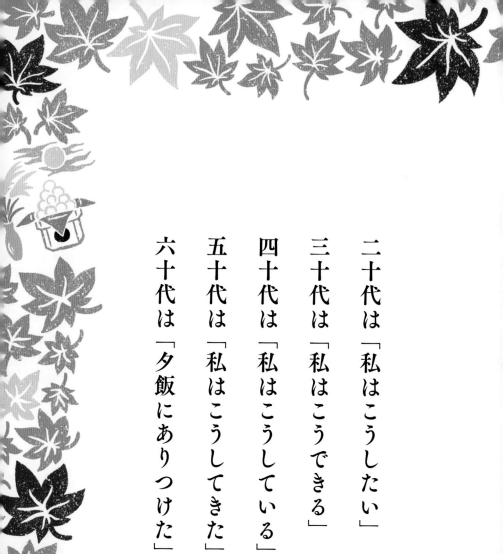

トップなら自分で目標を作れ

自分で決めたことは頑なに強い意志を持って行動。
友人、知人、家族は二の次、率いる従業員を護るのが第一
人並な意志では決めたことを達成できない。
桁外れの意志こそが目標を作れる。
商いの失敗は値下げで始まる。価格は下げず価値を上げろ!
お金を儲けるのは技術
お金を使うのは芸術
お金は追いかけると逃げる
お金はお金を呼ぶ
お金の使い方の上手い人には人も集まる。

後で恥じない自分を生きる

勝ち続ける人はどんな性格の持ち主だろう。
豊かな情緒を持ち全力投球する人であり
高いパフォーマンスを発揮している。
効率重視の人に結果は出せない。
私にとって仕事とは自分の生き方の重みである。

辛抱はゼニ、贅沢は敵

あまりにも寂しい人間がたくさんいる。自分の力で、自分の身の丈で生き抜く人間になって欲しい。確かに、お金で世の中は動いている。お金は使い方で見苦しく汚いものとなり、使い方で健全な生活や大きな事業を起こすこともできる。私の生き方のひとつだが、お金の貸し借りを一切しないこと。そう決めている。ある程度の事業をしていると人がお金を借りに来る。だけど一切貸したことは無い。金を貸すことは、金融業者の職分である、と思っているからである。たとえ親友でも安易に貸し借りすべきではない。はっきり断る勇気。「父の遺言です」とでも言えばいい。ものを買うのも同じである。欲しいものはたくさんあるが、「どうしても今、必要か」「今、我慢すればさらにいいものに出会えるのでは」と新しいものに期待をつなげば辛抱できる。「贅沢は敵、辛抱は金」である。まじめに努力する人、地道にコツコツと仕事する人の勤勉さが、富に繋がることは言うまでもない。自分の置かれた状況をキチっと把握し、努力、辛抱で大きな人生を過ごしてほしい。

足るを知り、身丈で生活

失敗と成功

失敗は授業料だから
仕事の失敗は大いにやりなさい。
出来るだけ早く失敗しなさい。
人より先に失敗して恥をかきなさい。

早ければ早いほど良い。
早い時期に恥をかき、かいた汗が人を値打ち付け
大きく伸びる栄養になる。
青年時代の失敗こそが、青年の成功の尺度である。

失敗をどう思ったか、それから彼はどうしたか
落胆した、諦めたか、更に勇気を出して前進したか
それで青年の将来は決まるのである。

大事なのは成功経験だ、
失敗を肝に銘じて伸びてゆく人が成功を勝ち取る
成功すると自信が湧く、
自信を持つと実力以上の能力が発揮できる。

失敗は成功の母であり
失敗は成功に通じるもので
成功はさらに成功に通じるものである。

仕事のウソ

本当のようなウソを見抜き、仕事を見極める。
本部の指示を「ハイ」と返事する店長や社員には
2つの意味の「ハイ」がある。
一つ目は指示を聞きました、の「ハイ」
二つ目は指示を実行します、遵守しますの「ハイ」
全く次元が低いが、ほとんどが一つ目の「ハイ」
これは仕事のウソといえよう。

仕事とは、指示を忠実に行い遵守することである。
その間には必ず疑問点に遭遇する。そこが大事。
疑問点の克服が仕事の成長、進化発展へと変わる。

本部とのやり取りを行いながら、繰り返し、繰り返し
忠実に実行するという地味な行動が
大きな仕事に繋がることを認識してください。
私たちの仕事には
地味で面白くないことがたくさんあります。
その地味な仕事こそが「一番大切な仕事」なのです。

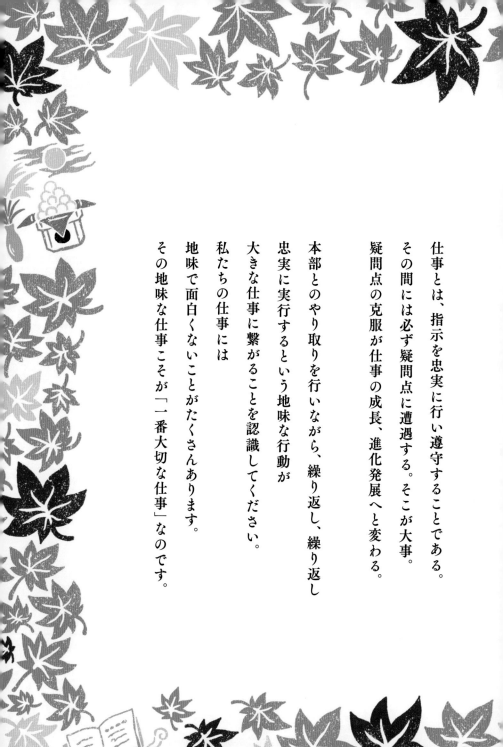

徹底

簡単なようで難しい、難しいようで簡単、それが私たちの飲食業です。
いろいろな飲食業に携わる人に飲食経営を長く続ける秘訣はと聞くと
多くの人が「凡事徹底」と答えます。凡事徹底を辞書で引くと
「何でもないような。ごく当たり前のことを徹底的に行うこと」とあります。
また「当たり前を極めて、他の追随を許さぬこと」とも。
「凡事徹底」で思い浮かぶ有名な経営者といえば
イエローハットの創業者、鍵山秀三郎さん。
鍵山氏は自書で凡事徹底とは
「平凡を非凡に務める」そのためには

①すべてに行き渡っていること
②主義と行動に迷いがなく一貫していること
③すべてのものを活かしつくすこと

凡事

この3つの条件を満たす、とされています。
更に鍵山氏は、誰にでもできる凡事徹底の見本として
飲食店で最も大切な「掃除」を挙げておられます。
衛生を支える根本である掃除を徹底できないことは
飲食店にとって致命的な食中毒が常につきまといます。
「凡事徹底」こそが、他の追随を許さず
お客様に愛され続ける飲食店の要だと考える所以です。
(株)フェニックスも創業以来一貫して
整理・整頓・掃除・礼儀作法・身だしなみを五訓として掲げてきました。
今一度、「凡事徹底」を心に刻み
小細工を弄せず王道を「当り前」に行い、共に前進して参りましょう。

私はこの言葉を念頭に行動している

運・根・鈍

昔から商売というものは、「運・根・鈍」でやらなければ絶対に成り立たないという至言がある。

運とは

世の中の環境に対する適応が的確に読み取れること。
よく謂われる『私は運がよかった』という人。
運は「はこぶ」とも読む。
行動しなければ運はつかめない。

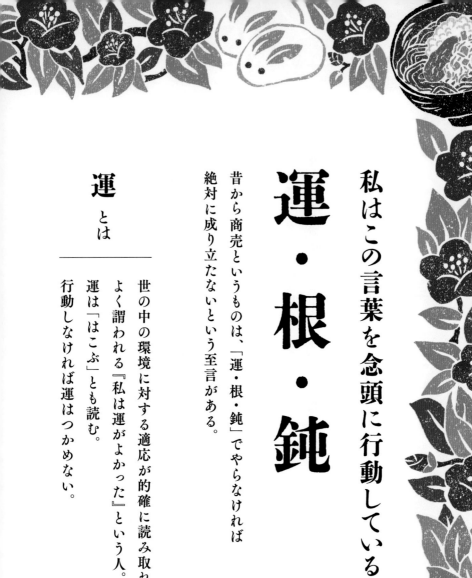

根とは

どんな商いを行おうと、お客様に信頼されるまで、根気強く努力を重ねること。よく謂われる「あいつは根性がある」という人。

鈍とは

少し鈍感くらいが丁度いい。あまり利口過ぎては仲間ができない。商いで成功している人は意外に不器用な人が多い。よく謂われる「あいつは面白い」という人。

損得の前に善悪を考えろ

損得だけで商いせず、それが善なのか悪なのかをまず考えてから行動すれば、永久に商いが成り立つという意味である。

従業員の幸せなくして企業の繁栄はなし

お店の売り上げばかり考えて商いする人より
いつもお客様のことを考えて商いを行った方が
繁栄につながる、のと同じで
企業は従業員の幸せを考え経営することで繁栄が続く。

人の幸せを我が喜びとせよ

家族や仲間だけでなく
あらゆる人の幸せを自分の喜びとできたら人生は楽しい。

これを阻害しているのが人の性の中でも最も見苦しいとされる
妬む、怒る、愚痴る。
「因果応報」。良い行いも、悪い行いも
すべてが自分に帰ってくることを知りたいものだ。

世の中に尽くせば儲けは後からついてくる

人に尽くす、社会に尽くす、仕事の目的を以て尽くせば
利益は後からついてくる。今、自分に利益が戻って来なくても、
子や孫に還ってくることを信じて人事に尽くす。
利ばかりを貪らず先ず世間に尽くすことである。

商いに於いて

提供の仕方と利用の仕方は
時代によって変わる

例えば、お金は昔からあるが、質屋、つけ、カードと
利用の仕方が変わったように
提供の仕方も時代とともに変化する。
機に敏になることが肝要。

商いは相手に利を与えることから始まる

初めに「利」を与えれば、次がくる。
相手に利益を届けなければ、話も聞いてくれないのである。

仕事には入り口があって出口なし

ハッピーエンドは終わりではなく、新しい人生の始まり。

何かを始めることより、それを持続し発展させることのほうが何倍も困難であり、楽しさでもある。

火事は最初の5分が大事、飲食業もご入店5分で決まる

何事も第一印象が大切です。
最初に悪い印象を与えてしまうと
それを取り返すことはとても困難。心も体も店内も、
お客様をお招きする準備を整え、
笑顔で「いらっしゃいませ、こちらへどうぞ」。

成功に近道無し

そのチャンスは一生に一度しか訪れない。
チャンスを預けても、利子もつかなければ
引き出すこともできないのです。

大事な仲間と

感状

仕事仲間に贈った感状

【感状】とは

武門では家臣の忠義を称賛することを「御感」、これを書状化したものを感状と呼ぶそうです。上杉謙信が永禄4年（1561年）川中島の戦いにおいて、軍功のあった配下武将に与えた血染めの感状が有名ですが、戦った相手に感銘を受け、その武勲を称え、感状を送る事もありました。戊辰戦争で土佐の広田弘道は、勇敢に戦った敵方の二本松少年隊岡山篤次郎の遺骸に感状と弔歌を添えて遺族へ返還したという話が残っています。「君がため二心なき武士の命は捨てよ　名は残るらん」この故事に倣い私も。共に闘った仕事仲間に節目ふしめに感謝と情愛を込めて感状を贈ることにしています。

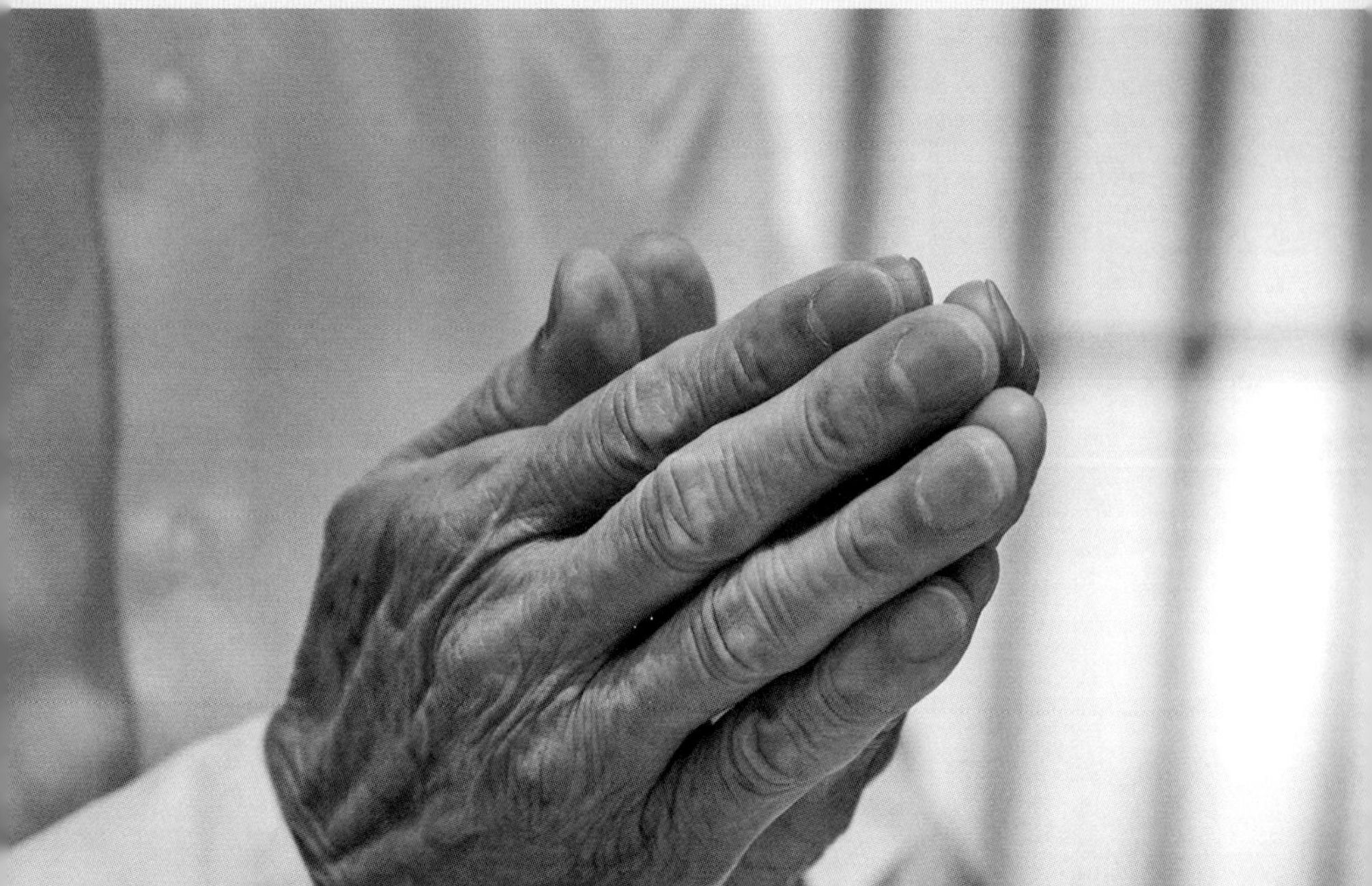

堂下拡司

感状 その一

背なで接客、素敵庵の名物男殿

貴君は「素敵庵」開設以来30年の長きに亘り
幾多の紆余曲折にもめげず職務を遂行されました。
思えば当初、我が脳裏に描きし「素敵庵」は
席数わずか12席、炎のパフォーマンスで調味する
フィレ肉のとろけるステーキのみを提供し
常時ウェイティングの出来る店なれば
「食後のコーヒーは他店でお召し上がりください」
とまで豪語する遊び心満杯の曲者店。
期待を担って大人義光、苦心惨憺
持って生まれた人間味、
仕事に活かして絵になるキッチンを創出。
炎に向かう凛々しき後姿にあまた多くの乙女たちが、
父を感じ、男を感じ、はたまたプロを感じ
心を寄せること慈きも切らず。

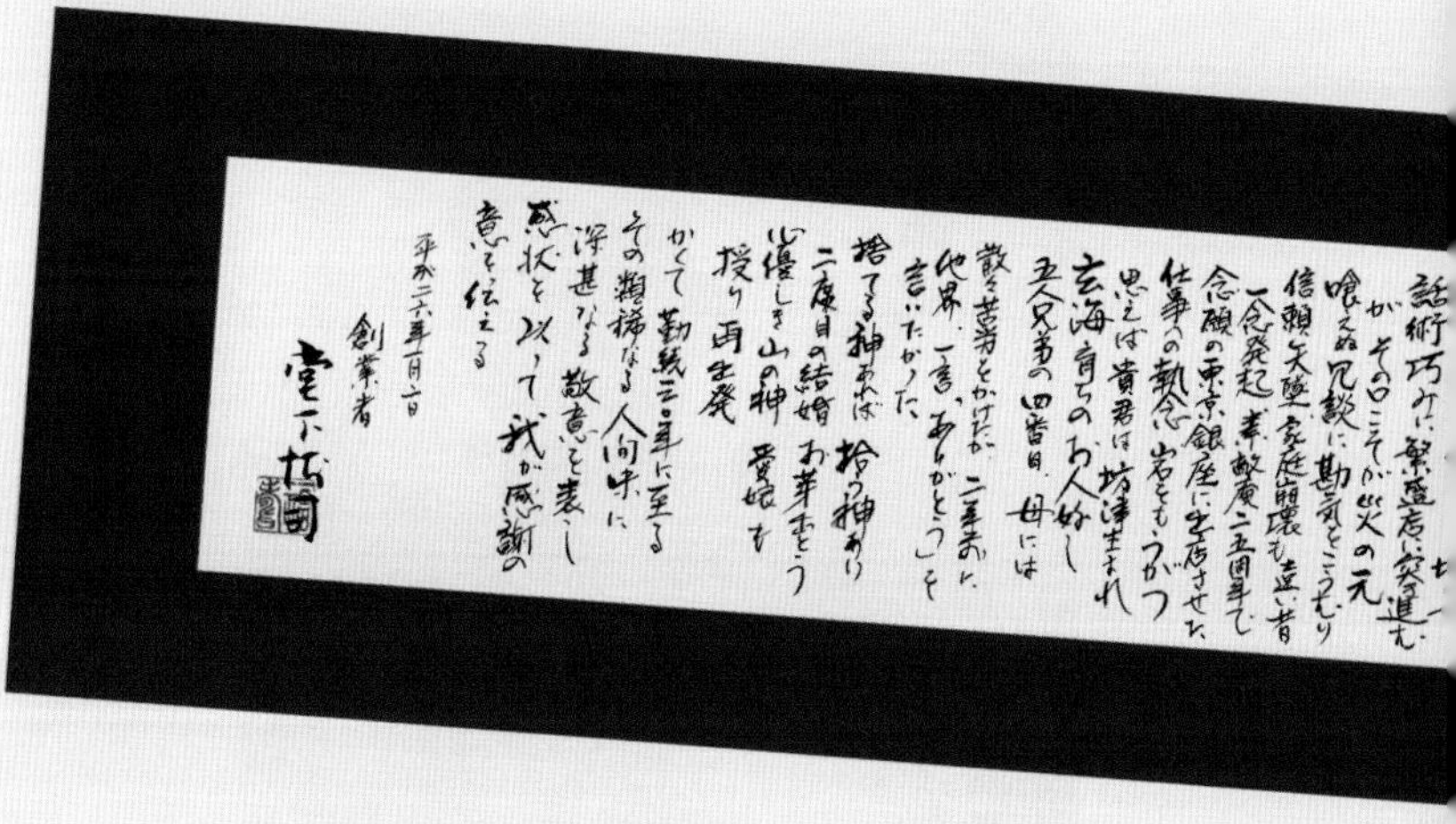

話術巧みに繁盛店へと突き進むが
その口こそが災いの元。食えぬ冗談に勘気を蒙り
信頼失墜、家庭崩壊、女房に逃げられ意気消沈、
思えば貴君は坊津生まれ、玄海育ちのぼっけもん
人情に溺れ、博打に溺れ、気づいたときは借金地獄
五人の息子を細手に抱え、
血の出る思いで育んだ母の願いを何と聞く
ここで起たなきゃ何処で起つ
一念発起、単身で挑んだ東京銀座への進出。
どん底からのカムバック、仕事への執念、岩をも穿つ。
捨てる神あれば拾う神あり二度目の結婚
心優しき山の神、愛娘も授かり再出発、
かくて勤続三〇年に至る。
その類稀なる人間味に深甚たる敬意を表し
感状を以て我が感謝の意を伝える。

平成26年1月2日

創業者　堂下博司

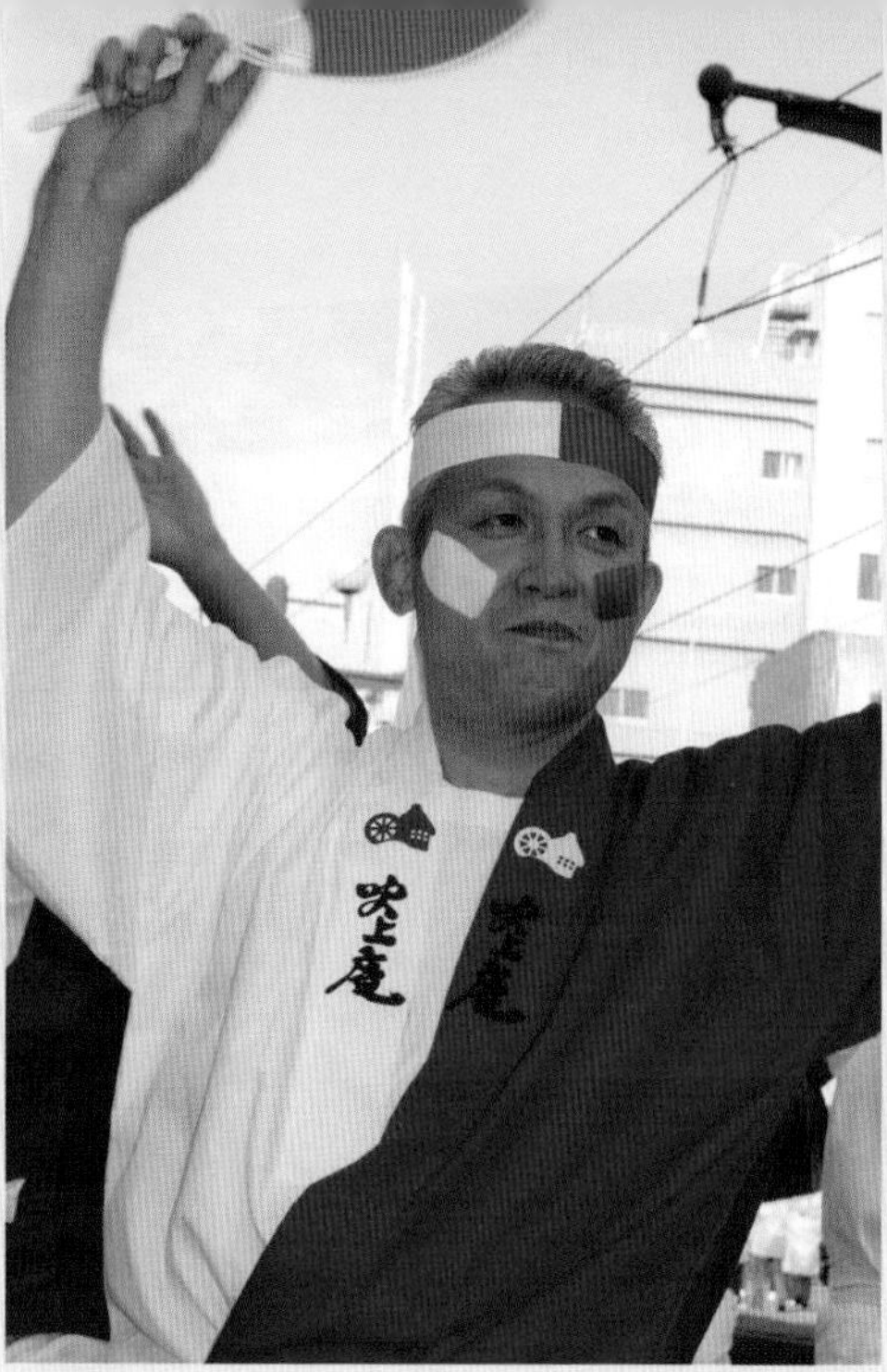

感状 その二

侠気《おとこぎ》が身上、今の社長殿

一筆啓上
常には十語るべき処、五しか語らず
悪しきは先に立ち善事を隠す
「ガイちらかす」ばかりで
「よかこと」は胸にしまったまま
そんな私に四〇年以上従って
小言小言で耳にタコ、だと思うが
昭和三十七年壬寅に生まれ、六〇年で一巡。
今年再び壬寅を迎えた
華甲なる日出度き日なれば
言わずもがなの残りの五を伝えたい。

一つ　いつまでも餓鬼みたいなことを言うな
実は、その子供の如き一途さが羨ましい
一つ　遊びに現を抜かすな
実は、その仕事も遊ぶ大らかさこそ讃えたい
一つ　田舎で勉強するより都で昼寝しろ
実は、その意外な知識欲に驚かされる
一つ　偉ぶるな、取り引き先あっての飲食業だ
実は、そのさりげない心配りに感心する
一つ　この他にも
本気で部下を庇う優しさには敬服する
故郷の祭りに奔走する姿が誇らしい
意外と几帳面に台帳と苦闘しているのが頼もしい
酒が呑めそうで弱いところが実は可愛い

岩元浩海という男、
18歳でうちに来てゼロから初めて今に至る。
家族ができて子供ができて、
再度家族ができて子供ができて
親より長い付き合いなれど、
愚痴を聞いた試しはない。

「おめでとう」の一言に幸せが溢れてくることがある
「頑張って」の一言に勇気が蘇ってくることがある
「おめでとう」「頑張って」この二言を、君に贈る

令和4年11月15日
天下のご意見番　末期高齢者
堂下博司

感状 その三

何でも熟すフェニックスの便利屋殿

貴殿の世評にて候
小さな体に知恵を仕込んで何でもこなす器量人
上に合わせる寛い心、忠節こそが己が身上
知識もキャリアも人並み以上なれど出しゃばらず
知識を吐露するなど以ての外、とひたすら励む、
仕事の合間に自然にほころぶ笑顔がいい
怒鳴ってみても、怒鳴っているうち
怒りを忘れるくらい愛らしい
愛情込めて薩摩語でいえば、横ばいのこじっくい
鹿経大の先輩、堂下俊文専務を一生の兄と慕い
盃交わした弟分、といえば頷ける。

平成二〇年の入社なれど
専科を生かした経理はもとより総務庶務
ついでに大工仕事、肉の見立ても玄人跣
趣味は車、今の車はホンダのベゼル、
知る人ぞ知る通好み
「世界が変わる」2モーターハイブリッド車
新車と聞けば胸踊り、乗り換えるのが大好きで、
趣味が嵩じて奥さんまでも乗り換えた
義理の子供がいち、にい、さん
ひとりは㈱フェニックスの社員として
店舗管理で義父のあとを襲う、

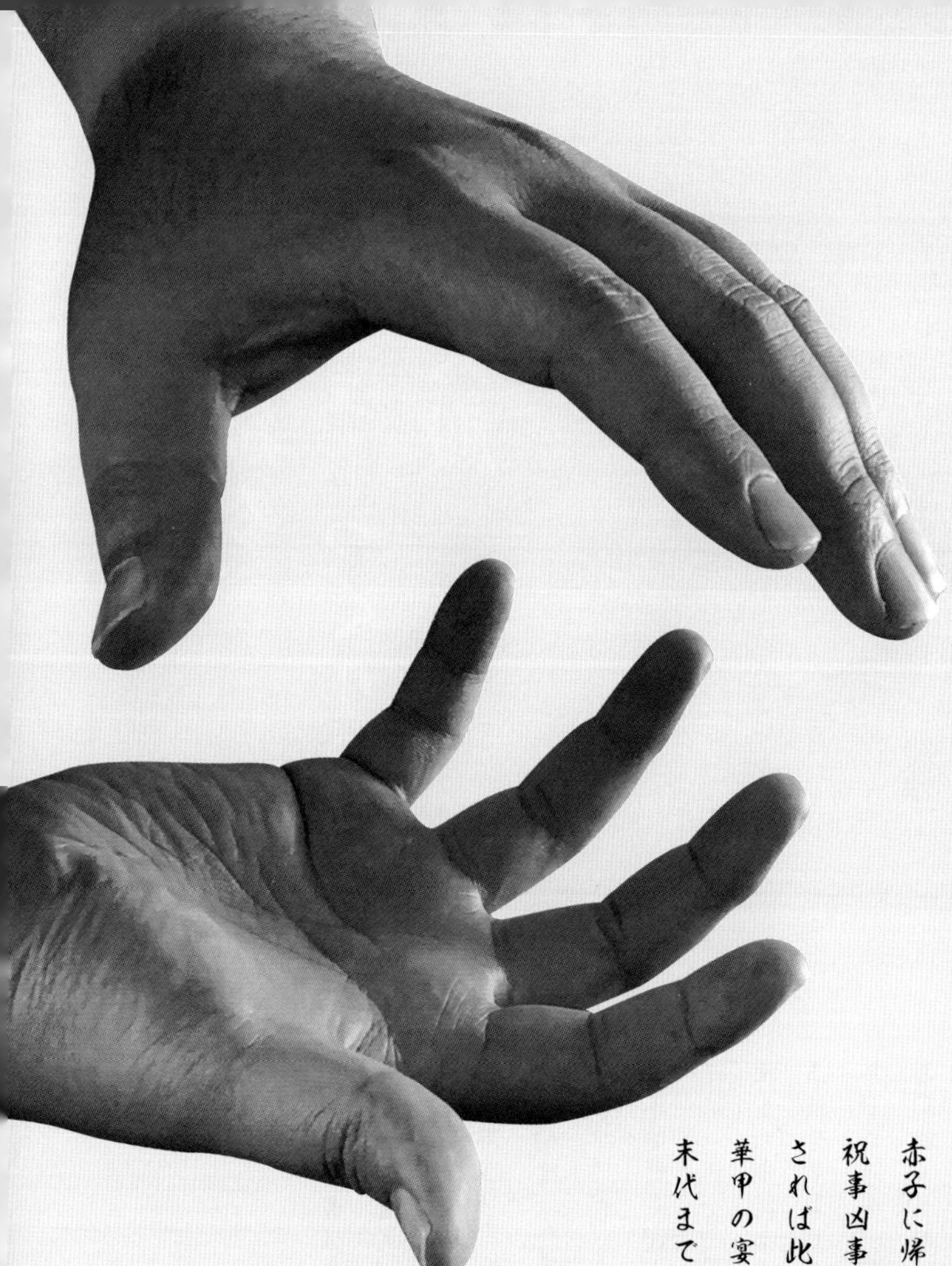

家庭円満目出度目出度の祝い節
こんな男の還暦祝
齢六〇といえば、十二支十干一巡し
赤子に帰る歳とも謂れ、
祝事凶事併せ持つ人生最大の節目にて候う。
されば此処に縁ある仲間打ち揃って
華甲の宴を催し、厄を払い、齢を寿ぎ
末代までの誉れとなさん。

令和四年六月吉日
先の短い末期高齢者
人生の知恵袋

堂下博司

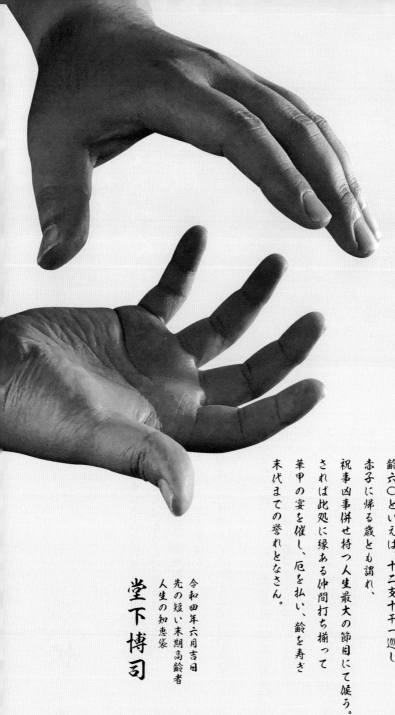

一を聞いて十を知る、メニューづくりの達人殿

感状 その四

馬場健三君はその名の通り三男坊
三男坊と言えば暴れん坊将軍徳川吉宗が思い浮かぶ
貧乏旗本の3男坊、徳田新之助に身をやつし
バッタバッタと悪を切る。
自由闊達、人情家というのが三男坊の気質らしい
我がフェニックスには
今年還暦を迎える3匹の虎(岩元、笹尾、馬場)がいる。
その一匹、馬場健三君は8人兄弟の3番目にして
大した期待もされず育ったと聞く
高校を卒業してすぐに大阪に出て寿司屋で住み込み
年がら年中、朝5時起きで掃除、飯炊き、洗い物、
寿司職人への道は遥か彼方
そこで、この三男坊は考えた。
調理界の東大「辻学園」に入ろう
この学舎で和、洋、中、調理の基礎をマスターし

枚方の中華店、松阪の洋食屋、奈良で和食
富山で和洋折衷のレストランと武者修行
満を持して帰鹿、自らの店を開店
つけた名が「幸鱗」鱗を剥ぐのが生業故
結構繁盛したものの、どうも物足りない
ピリッとした師匠は居ないものかと
思案六法、巡り合ったがフェニックス。
その時、私は延々4時間も面接したと本人は言うが
その話を聞いて、「会長にずっとついていこう」と
その場で決意し、その夜に
左膳で呑んだこの男も面白い。
以来、ずっと私の横に侍り、
フェニックスのメニュー一切を取り仕切る
1を聞いて10を知る、思いつきを話すと
翌日には形になる。材料から器まで
準備万端、そつがない。気が利いて、小回りが利いて
根が優しいから怒り方も上手い。

2時間しか寝なくても平気な体質で休みを取らない
眠くなったら近くの春日湯に浸かって一休みだとか
仕事を通じて友情を感じる男、
仕事ができるから仕事が楽しい
いつまでも傍に置いておきたい存在
と、ここまで褒めれば、「会長、一杯やりましょう」
くらいは言って欲しいが、
考えてみれば、入社以来ただの一度も
二人で呑んだ例がない。心すべし。
愛すべき三男坊の還暦にあたり、
私の大事にしている言葉を贈る
人生は99%失敗1%が成功だが、
その1%は女房と一緒になったこと
加成子夫人を後生大事に、仕事に励んで欲しい

天下のご意見番　末期高齢者

堂下博司

感状

その五

石橋を叩いて渡らぬ慎重派専務殿

まず持って華甲の儀祝着至極
齢六〇と謂えば、十二支十干を一巡し
赤子に帰る歳とも謂れ
祝事凶事併せ持つ人生最大の節目似て候
抑、堂下俊文なるこの御仁
「遊び心がおいしい」を社是に掲げ
イケイケドンドン、前しか見ない社中にあって
石橋を叩いて、叩いて叩き割り
泳いで渡るボッケモンなれど
社員の評判を聞けば頗る良し
時間を掛けて金かけず
シンプルなれどけちん坊
前後左右裏表、考え尽くして吟味して
受けた仕事は全てこなし、忘れた頃に持ってくる

「遅せが、間に合わん！」と毎度懲りずに怒鳴られながら
痴れっと努めた年月は、ややもすれば四〇年
経済修めた学士なれど、経営ではなく生産一筋
粉骨砕身努力でかち得た実績は
そんじょそこらの優等生に引け取らず
人望厚く、社内、社外の信頼たるや総身に余る
剰え、父の背を見て子は育つ
親父を慕って息子も入社、家庭円満この上なし。
もっと褒めれば
故郷、花熟里を愛する気持ちは父親譲り、兄譲り
伊作太鼓に思いを寄せて、一族総出で護り抜く
家族思い、会社思い、この世を愛する三男坊が
晴れて還暦、華甲の祝
万感の思いを以て、祝意を伝えるものなり
貴家弥栄の繁栄を祈る

令和3年9月13日
先の短い末期高齢者　人生の知恵袋

堂下博司

友人の節目に寄せて

論語にある孔子のことばには
「子曰、吾十有五而志于学、三十而立、四十而不惑、五十而知天命、六十而耳順、七十而従心所欲、不踰矩」とある。立志に始まり・而立・不惑・知命・耳順・従心。人生の節目ふしめに自覚を促す。

これは明日のためのステップとも言えます。

また、男42歳、女33歳を厄払いと称して、怨厄退散の儀式、宴会を催したり、賀寿を寿ぐ還暦、古希、喜寿、米寿といった祝宴も行われる。私はこうした儀式は、徹底して行うべしという主義で、自分が厄年を迎えた頃から、その作法のカタチに拘ってきました。厄払いで厄男を虐待したり、ネクタイを切ったり、丸坊主にしたり、馬鹿騒ぎで終わらせず、その由緒を訪ね鹿児島独自の仕来りとして復活させた。と自負しています。曰く、厄払いとは陰陽五行説に端を発する降魔調伏の秘法にて、人はみな、生まれ年の運気を持って生まれ、その相性、相剋により吉凶を繰り返す。四二歳を本厄として、特に前年、前厄に呪文を唱え、法を成して気を禁じ、災厄から身を守る。

豆撒きは999円(よろず苦を分かつ)を豆とともに撒く。地方によっては年越し(夏越し)の大祓いに倣い人型に生年月日、氏名を記し、茅の輪を潜る。一礼して左回り、一礼して右回り、一礼して茅の輪をくぐり、人型を撫で、三度息を吹きかける。

大祓いとは、すべての民のために祈祷すること。

茅の輪とは、日本神話に由来し、素戔嗚尊《スサノオノミコト》を手厚く持て成した蘇民将来《ソミンショウライ》に素戔嗚《スサノオ》が感謝して、茅の輪を潜れば、すべての災厄が退散するといい残したことに由来する。また、氏神様に詣で、煩悩の最たるふぐり（一物）の代わりに、褌を人知れず落としてくると謂う、習わしもあります。

また50歳「知命」の歳には、平均寿命が延びた今では、50歳が人生の峠＝厄を払う年回りかと考え、二度目の厄払いの「**半世会**」。つまり、一世紀の半分の半世と、一生の半分の半生と、今のおのれを振り返り反省する、反省の三つを掛けた五〇歳の厄払いを提唱しました。

この「半世会」なる儀式が、鹿児島の仕来りとして定着し、私の知らないところで、すでに1000を超える「半世会」が催されると聞いています。

更に、賀寿の祝いは奈良時代、聖武天皇の賀寿を金鍾寺で僧良弁が華厳経を誦して帝の長寿を祝い、自ら寿と書いた餅を配ったのが始まりとされ

還暦は、十二支十干が60年で一巡することから華甲賀として祝い
古稀は、人生七〇年古来稀なりの略。
喜寿は、略字で七七とかく喜の字の祝い、
傘寿は、大きな傘の下に人が集うこと
世代間のコミュニケーションが断絶しつつある今、せめて節目の宴に縁ある方々が集う仕来りくらい残せないものでしょうかね。

友人の節目に集う

厄祓

厄払い諸式

肝入・赤鬼、青鬼と厄男・後見人登場

山伏問答…「我は、愛染明王に仕えし棹立て坊なるが、
厄払いを所望するはその方なるか？」〈口上有〉
本人、後見、家族の了解を得て厄払い作法へ
結界の儀…山法師、柳の弓、葦の矢で、東南西北、鬼門に矢を射る〈口上有〉
禊ぎの儀…厄男白装束上半身を剥がれ前に引き出される。
山法師、榊と柊で素肌を打ち据え懺悔させる
清めの儀…杜氏舞台に上がり、一斗瓶にビール、日本酒、焼酎、
ウィスキーに精力剤を入れた神鞭鬼毒酒を作る〈口上有〉
献杯…大杯に神鞭鬼毒酒を注ぎ献杯　厄男は一滴残さずこれを飲み干す

前段修法

絶倫山降魔作法…銅鑼が鳴り、珍萬古大僧正、鈴を持ち承仕を従え入道場
洒水加持…会場に洒水加持、次いで本人にも「深く頭を下げよ」と頭を下げさせ、襟首から氷水を流し込む
四汁一菜呑み取りの儀…四十一歳に因み、四つの汁と一つの菜をお腹に納め体内から悪疫退散を祈念する。
奥様と二人羽織で行う作法
第一膳…茶の湯の作法。お点前で山葵を溶かし頂く、茶菓子も山葵饅頭
第二膳…信心の作法。ムカデのうどんを賞味する
第三膳…降魔の作法。豆板醤と鷹の爪の味噌汁
第四膳…鬼門の作法。ゴキブリのお澄まし
第五膳…恵法の作法。奥様手作りの「薩摩すもじ」　最後に正露丸を巻き込んだ恵方巻きで締め

特別修法

悪魔祓い…雰囲気一変、バッハのフーガで神父登場　柊、蝋燭で厄男をいたぶる

後段修法

女難種火断ち作法…下帯だけにして舞台中央に股を開けて座らせる大事な部分に火薬綿を置き、
おなご棒で点火、奥様自ら浮気の虫封じ
ふぐり落とし…承仕下帯をはさみで切り暗転、厄男闇の中をはける。
人形身代わり作法…厄男に恨み辛みをぶつける作法　髪の毛、ネクタイ、背広等を切り裂く
豆撒き…万苦を分かつ、一万九九九九円と豆を会場に撒く

きっちり締め

万歳三唱…家族、友人は隠し事をせずもろ手を挙げて付き合うべし
三本締め…万歳だけではチト不安、商売が万歳では困るのでまじめ、けじめ、心引き締めの三本締め
一丁締め…そして最後は人生の節目を締める一丁締め

極道をなめたらあかんで!!

― 長友昌彦君　厄払い降魔の儀 ―

極道をなめたらあかんで！
と言ったか聞いたか神戸の出入り
商人の喧嘩は頭でしろと悟されて
負けるが勝ちの手打ち式。
以来、巷で勇名聞かず、大きな身体を小さく畳み
商いの道 まっしぐら。
性は長友、名は昌彦、生まれついての偉丈夫で
幼い頃からつつがなく、小学、中学ストレート
一つ二つのつまずきは、ものともせずにマイウェイ
高校二年で免許をとって、さっさと淑子に唾つけた。
手も早ければ、気も早い
大学などは人より早めに終了（?）し
あっという間に世帯持ち。
趣味といえば、、、、暴走族をちょいかじり、
釣りとゴルフもちょいかじり
天文館でキスを釣り、
甲突川でホールインワン（オーッと）
酒も少々、タライに少々、腕に自信の地蔵角
「倍働いて、倍遊ぶ」
これぞ男の身上と頭上がらぬ奥方に
両手を合わせる厄払い。
「されば昌彦 覚悟せよ!!」
厄を断ち切る介錯に、まかり出たる発起人
縁につらなる皆々様にも
是非是非片棒を担いでいただきたく
ご列席を心よりお願い申し上げます。

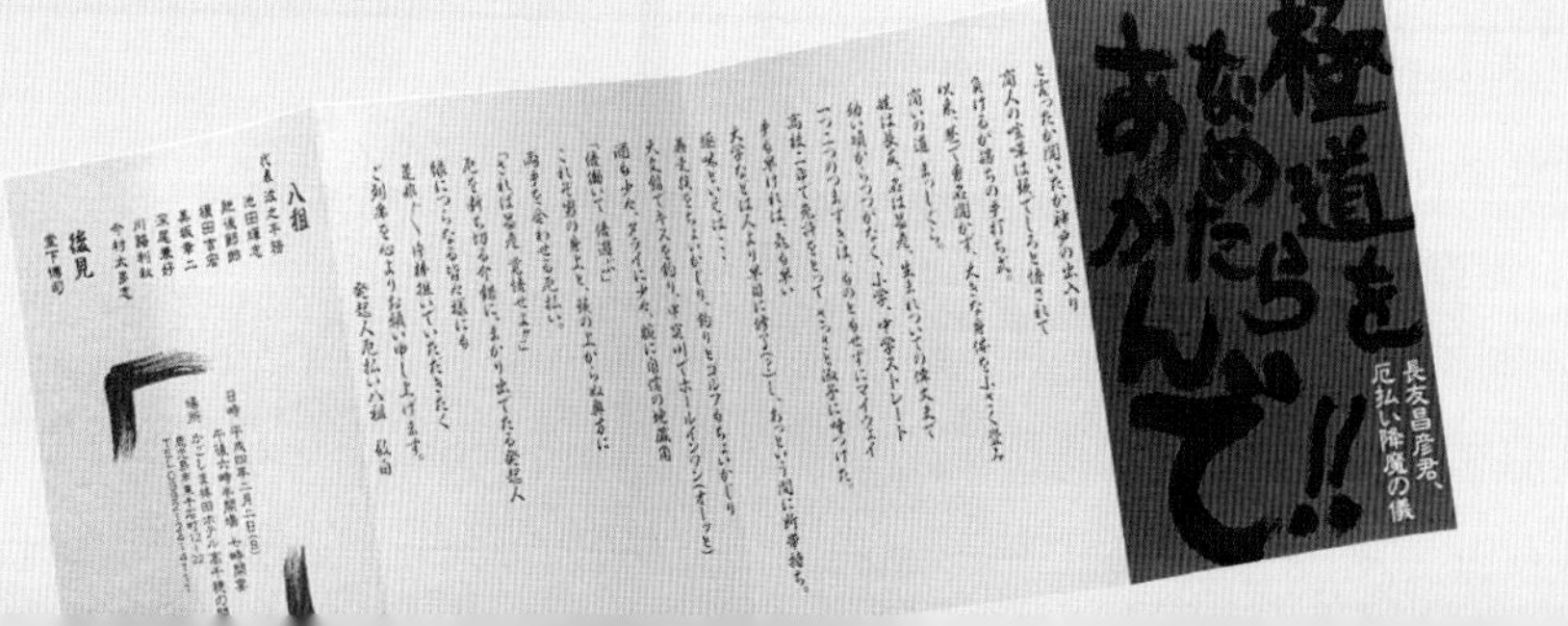

半世会の儀式

御呢懇〈五重献〉の儀

五重誡誓詞

半生会の保有者5人50センチ大杯に50勺献
五つの戒めで叱咤激励の後、大杯で呑み取る

その壱、至誠心というは真実の心なり〈誠意〉

その弐、誠意と情熱が人生を豊かにする〈熱意〉

その参、迷いは自己の若さと心得よ〈向上心〉

その肆、生活の根本は安心起行にあり〈愛情〉

その伍、一瞬を突き詰めて生きるべし〈気迫〉

五十尽くしの儀

ニ人羽織

50センチの蕎麦、50グラム、五重盛り
50センチの太箸で食する。

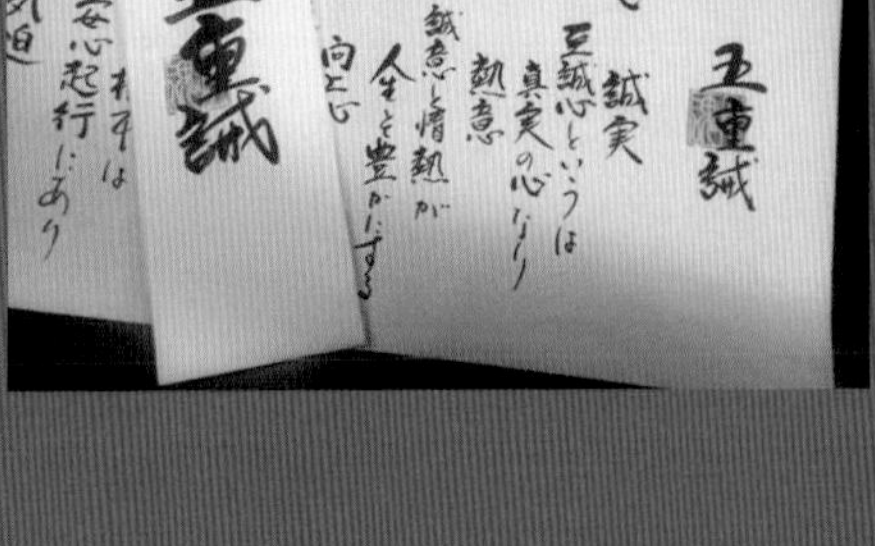

人生50が折り返し

― 緒方純一君　半世会 ―

そもそも半世会というは 堂下博司先達に始まり 四半世紀に及ぶゆかしき習わしにて1世紀の半分の半世と、人生の半分の半生と己が身を振り返る反省を掛けた節目の祝いにて昨今、半世会と銘打った催しは100を超えるも正しき系識は緒方純一をもってNo.10と伝えたり。仕来りに従い、案内にてその半生を振り返る 鹿児島は武の生まれ、幼き頃から控えめで勉強、運動どん尻に控え目立ちたる得手は無し。名門鹿商に進むも野球部からはそっぽを向かれブラスバンドで応援に回る。されど、あちらは早熟で 免許取得の帖佐合宿、正代姫に一目惚れ追突されて弱気の姫に取り入って 20歳で既に「高砂や」 1男2女に恵まれて盤石の家庭を築く。 仕事といえば、父が始めた「緒方商店」を継ぐも事業欲が頭を擡げ、弟に店を譲って「卸」に転身、平成15年「まるたか青果」を設立せり。「誠心誠意」を身上に農家に入って目を養いとことん農家と付き合い信用を得る。順風満帆と思いきや、そうそう世間は甘くない持前のお人好しが祟って騙されてあわや倒産の危機に瀕する。「捨てる神あらば、拾う神あり」その時の救世主が今の取引先、今の仲間恩人に「死ねと言われれば死ぬ」一所懸命の誓いを立てし半世会 見届けるのがわれら発起人の心意気 皆々様のご参集切にお願い申し上げます。

発起人敬白

還暦の作法

還暦とは十干、十二支を一巡して生まれ年の干支に戻る事。

つまり、天から新しい命を授かり0歳に戻るところから赤子還りとも謂われる。

赤子の赤は穢れなき無垢、即ち仏教でいう閼伽、御仏に供える聖水のことをいい、
還暦の作法で赤を身に着けるのは赤が魔除の色だから。

また華という文字が廿と卅と十、足して六十に分かれるところから賀華甲とも謂われる。

1.賀華甲の作法

赤い頭巾とちゃんちゃんこを身に着け、赤い座布団を敷く。哺乳瓶にお神酒。乾杯のあと、法衣をまとった禅僧登場。還暦養生の膳。日本臨済宗の開祖栄西上人の喫茶養生記に基づく作法で「酸辛甘鹹苦」五味で五臓を労わり、臓器に溜まった垢を落として、次の作法六大瑜伽の作法に移る。この作法は弘法大師の「即身成仏儀」に依るもので、六根を清浄にして大自然の所作を悟ることとされている。六大＝空風火水地の所作と、悟りを得る識を溶かしこんだ紅白のお神酒。見事飲み干したところで杯を頭上で返し作法成満。また60歳は耳順というところから、六大の献杯をする各氏に当人への厳しい言葉、優しい言葉などを掛けることもあり。締めは禅師が識の盃を献ずる。最後に会場に回した百寿揮毫の色紙を贈呈。

2.還暦裁判

還暦は本卦帰りともいい、60年を境に新しい人生を歩むため、一度冥府に赴き、閻魔大王の審判を受け、罪科を償ってこの世に戻り、無垢な心身で第2の人生を歩むという作法。亡者は死して後、七七日、四九日の間に7人の王による裁きを受ける。還暦では第五審判 閻魔大王の審判となる。検察官闇黒童子が訴状を読み、検察側証人として数名が故人の悪行を暴露する。弁護人は三蔵法師。弁護側証人を喚問し良いこと救われることを中心に陳述。判決は八寒地獄（首筋から氷水を灌ぐ）八熱地獄（裸に蝋燭を垂らす）百叩き（ハリ扇で叩く・供養のため会場からも希望者を募る）の末、現生に送還される。

浄三業作法、仏の前に立つ気持ちで身・口・意、即ち体と言葉と心を清める。「身」は柔軟体操と腕立て伏せ。「口」は十善戒を読誦させ、意味を尋ねたり行いを尋ねたりしてはハリ扇で打ち据える。「意」は愛情あふれる言葉を奥様に捧げ、その証としてプレゼントの目録を贈呈。以上で成満。頭上には閻魔大王廰の額、朱の柱の間に裁判長、検察官、弁護人、被告席、証言台を設置。

3.還暦生前葬

還暦裁判と同様に、一旦生涯を閉じ、懇ろな供養によって、新しい命を授かろうという儀式。全く本当の葬儀と同様に進行する。まず故人を偲ぶ映像が流れ開式。発起人挨拶の後、お導師様の入場。霊前で合掌礼拝（全員これに合わせる）、末期の水（実は焼酎）、下腹部に置いた火薬綿に線香で点火、気合と共に引導を渡す。導師着座して嘆徳の文、面白おかしく行状を暴露し、往生を祈願する。ついで遺言の披露（テープで事前収録）、弔辞。弔電。読経、順に焼香、回向、鉦連打で修法終了。導師退出。最後に今一度ご霊前に合掌礼拝。
※この間、棺に仕掛けられたカメラが本人の顔の画像を舞台プロジェクターに送る。ドドーンと派手なSEで暗転、心音がだんだん大きく早くなる。誕生会のセットアップで明転。「こんにちは赤ちゃん」の音楽と共に、当人が蘇生。美女二人の介添えで本人謝辞。

朱竹

年の瀬に慌しい 御案内恐れ入ります。

―美坂幸二君　還暦祝い―

賀華甲、即ち還暦の寿ぎに免じて、御容赦下さい。
かの美坂幸二翁が来年1月18日
芽出たく還暦をお迎えになります。
還暦とは十干十二支一巡して振り出しに戻る年、
赤子返りとも申します。
静かなること林の如し、
頑なること巌の如し
夢は語らず、足元見つめ
「一度決めたらやり通せ！！」を信条に
決して激せず、誠を貫く小さな巨人
美坂翁とてかつては川崎650を駆って
青春を謳歌したボッケモンであったとか。
一度言いだしたらテコでも動かぬ頑固者も
奥方にはチト弱い―との噂もチラホラ
魚市場内で夫婦で始めた商いはマジメ・ケジメに
運がついてトントン拍子の急成長。
そろそろここらで人生の仕切り直し―と
この度、還暦赤子返りの祝宴を計画いたしました。
御縁に連なる皆々様の御参集
心よりお待ち申し上げます。

敬白

味な事してみたい。
吉村光弘君華甲賀の宴
日時　平成24年6月28日(木)
18:00 開場
18:30 開宴
会費　10,000円

味な事してみたい。

— 吉村 光弘君　還暦祝い —

謹啓　せわしいご案内恐縮に存じます。
万年青年吉村光弘君が、此の度目出度く
爺様の仲間入りを果たします。
曰く、子、丑、寅で始まる十二支と
甲（きのえ）、乙（きのと）で始まる十干を
還暦しての60年、華甲の祝いとも。
人生、節目が肝心、家業が醤油屋なれば
味なことして祝いたい。
醤油といえば寿司、紫と称して
ネタの味を引き立てます。
これぞ真の黒田武士…
という事で、我ら発起人
この日のためにネタを吟味
寿司三昧の華甲の宴を計画しました。
酒は呑めのめ、呑むならば、
是非のご列席、御願い申し上げます。

謹白

古稀

古稀の祝作法

床の間に歳寒三友と称される、松竹梅を飾り
紫衣着衣、紫の座布団に着座する。

歳寒三友

賀寿を寿ぐ床の間飾りとして松竹梅の生花を置くのが仕来り。
松は松柏の操より風雪と烈を等しくし志操を堅持す。
竹は竹帛(はく)の功より竹札に手柄を載し後世に伝うる、
梅は百花の魁より寒中に凛と咲き、君が千歳の挿頭(かざし)とぞ見ゆ。

四条流祝い包丁

「おめで鯛」を裁き、本人が箸をつけたのち
「ありが鯛」「あやかり鯛」と称して会場にお裾分けをする。

古稀祝い膳

万物の根源 空風火水地識の六大より気を頂き、
六根を清浄にする「六大瑜伽」のお神酒で大自然の所作を悟る。
この作法は弘法大師の「即身成仏儀」に記された六大瑜伽の作法で、
六大＝空風火水地識の所作を溶かしこんだ紅白のお神酒によって執行する。
見事飲み干したところで杯を頭上で返し、悟りを得たことを示す。

鹿児島市電を借り切って大宴会

―波之平 務君 古稀の祝い―

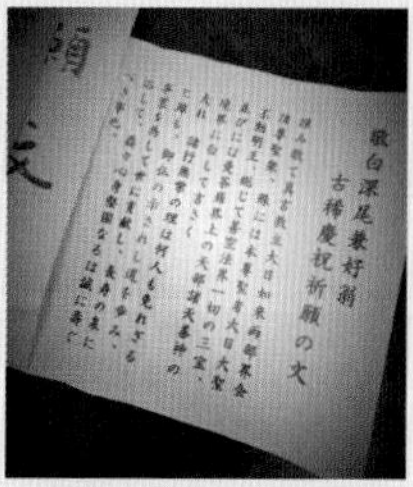

密教寺院で 護摩行を体験

— 深尾 兼好君 古稀の祝い —

賀寿の作法 食作法

初膳 —

辛味として椒（ハジカミ）。
刺激ある椒の辛味は肺に作用し、発汗を促し血液の循環を良くする。

甘味として黒糖。
黒糖の甘味は脾に作用し消化吸収を助け滋養強壮の素となる。

鹹味として御塩。
塩辛い鹹味は腎に作用し毒気を殺し、利尿作用を高め、目を明らかにする。

酸味として柑子。
酸っぱい味覚は肝臓に作用し免疫力を高め、疲労回復を早める。

苦味として抹茶。
苦味は心臓を強くし長寿の妙薬となる。

二膳 —

胃、大腸、小腸、胆嚢、膀胱、三焦（胸と臍の上下にある消化中枢）を労わり
消化吸収の機能を正常に保つ食事なり。

雪林の菜
所謂おから。食物繊維が便通を良くし、有害物質の腸内滞留を防ぐ。

醫者殺し
所謂、豆腐の味噌汁。味噌は腸の清掃役と謂れ腐敗菌を排泄する働きがある。胃癌や肝硬変の予防に効果あり。

梅干
可逆性という作用により胃腸の働きを助け、腸の炎症を鎮め、下痢を抑える。古くからの仏家の常備食。

産飯（サバ）
飯の上に小さく握ったサバと言習わす握り飯を載せ、鬼子母神に供え祀る作法。赤子のお食い初めの儀式にその名残を留める。

鼈羹（ベッカン）
原料の山芋は万能の健康食と謂れ、消化吸収を助け虚弱体質を健康な体に変える便秘改善の妙薬なり。

吹上の名物親父が傘壽を迎えます。

―岩元正一君　傘壽の祝い―

粛啓　平素のご厚誼 感謝申し上げます。
さて　中国の礼法では四十賀を皮きりに
十歳刻みで賀寿を祝うのが習いとか日独が国際連盟を脱会、
一触即発の慌しい最中
夏の盛りの伊作太鼓踊りに囃されて産声あげたが人生の始まり。
八六大水害が還暦でドラマチックこの上なし。
力も強けりゃ、足も速い、気も早けりゃ、決断も早い
踊りも上手けりゃ、釣りも上手い
息子と孫には厳しくて曲がったことには容赦なし
頭は刈るし、投げ飛ばす一徹者の面構え、強面なれど
皆から「ショーイッサン」と慕われて悠々自適の八十歳。
5時帰宅、8時就寝を身上に女房の鏡の婆ちゃんに
男を立てられ傘寿の祝い
子供7人、孫15人、ひ孫6人、嫁まで入れて41人
雁首揃えて粗餐の給仕、相努めます故
皆みな様のご参集、乞い願い申し上げます。

親族一同　敬白

傘寿の仕来り

八〇歳の祝、傘寿は杖朝ともいい、朝廷で杖を持つことが許される年齢でもあったようだ。傘寿は傘の略字が八〇と読めるところから仐寿といい、語源を辿ると傘の古字は繖蓋〈さんがい〉、布を張って雨を散らすことを謂うとあり、天蓋の下に人が集まり、降ってくる災いを凌いでいる姿にも見える。
傘寿の作法は、大島を着流した傘寿の翁が番傘を持って登場。傘踊りをひと舞、ラストは傘を広げて「壽」を見せる。翁に黄色の頭巾と黄色のちゃんちゃんこを着せ、黄色の座布団に座らせる(古稀、喜寿をしなかった方は紫)。鏡を開き、底に壽の字を焼印した升で乾杯。酒は薬草を仕込んだ白酒。食作法に移り、参列者全員で初膳。酸辛甘鹹苦の五味で五臓を労わり、次の膳で古来の健康食を味わう。参加者から祝辞を受け、各人は金杯のお下がりを頂戴する。また食事中に色紙を回覧し全員から「寿」一文字の揮毫と署名を集め当人に進呈する。

金婚式

一筆啓上仕ります。

千金に値する糟糠の妻と
この度金の杯を交わす次第と相成りました。
抑々、糟糠の妻とは「後漢書宋弘伝」に曰く
「貧賤の知は忘るべからず、糟糠の妻は堂より下さず」と
それが堂下、是が堂下、かくなる上は金婚式。
有難いご縁に連なる皆々様に耳打ちして
ささやかなる祝宴を催したくご案内申し上げます。
この邦には、妻という最も身近な他人を大事にする習いあり。
家庭寒冷化対策を実行する「日本愛妻家協会」と言ふ。
されば、奥様乃至パートナーご同伴でのご列席
是非にとお願い申し上げます。

敬具

平成27年4月吉日　堂下 博司

不躾ながら申し添えます。
「一番お好きなのは奥様でしょう？」と言う問いに
会長は「居れば煩わしいが、居ないと困る、強いて言えば一番」
奥様は「一番お好きなのはお友達、2番目が私、3番目がビール。
ビールには勝てますが、お友達には勝てません」などと
奥ゆかしきことこの上なし。
世に言う愛妻家、大山巌、山之内一豊、前田利家も斯くありなん。
我ら発起人、その意を汲んで準備万端
かつてない金婚の祝宴を整えますれば
ご賛同、ご列席の程、宜しくお願い申し上げます。

発起人代表　波之平 務 謹白

私のホームバー

下戸ならぬこそ、をのこは よけれ

池田BAR55周年に寄せて

何じゃそれ？堂下どうした？と言われそうだが、聞くところによると徒然草の一節で酒が呑めれば、男はそれでいい。という意味らしい。

柄にもなく古典を持ち出したのは「遊びは文化だ」という私の持論が、池田輝志という池田バーの創設者から教わったからである。兼好法師は「万にいみじくとも、色好まざらん男は、いとさうざうしく、玉の杯の底なき心地ぞすべき」全てに優れていても、女遊びもできない男なんて、底の無い玉杯みたいに役にたたない。とも喝破している。酒も飲まず、煙草も吸わず、女遊びせず、百まで生きる馬鹿がいる。全く同慶の至り、実に愉快である。

私に酒の飲み方を教えてくれた先代マスター〈私は、この方をマスターともオーナーとも呼ばず、ずっと尊敬を込めて池田さんと呼んできた〉との付き合いは、もうかれこれ五十年になる。

当時は高級割烹や料亭が分限者どんの社交場で、我々の給料の何倍もの金が一晩で

費やされた時代。貧富の差が極端で、粋がってカミナリ族〈今でいう暴走族？・〉で番を張っていた私ごときが立ち入れる場ではなかった。そこで、何とか手の届いた大衆キャバレー。オペラハウス、エンパイヤ、白いバラとかいう店だったと思うが・・そこの女の子と馴染みになって「まんごろ」、つまり他の客が残したビールをがぶがぶ呑んで安上がり。と悦に入っていたわけだが、いくら安いとはいえ、三～四軒のはしご酒。三か月もすれば、溜まり貯まったツケに吃驚仰天。今なら、「男の顔は履歴書、女の顔は請求書。寄付と女は出来る時にやっておけ」と余裕を咬ますところだが、当時はまだ駆け出し、青息吐息で支払いに追われた。

その頃、文化通りの入り口、確か福徳ビルの前だったと記憶している。そこに「池田バー」があった。料金も一流、雰囲気も一流、敷居が高くて、私などは、金払って呑むのに、注文ができないほど緊張したものだ。

私が行ったのはわずか二度、一度目は先輩に連れられ、二度目は独り、カウンターで一杯呑むのが精一杯。それほど広くない店なのに、池田さんの顔は遠く拝むばかり、言葉を交わすなんて恐れ多かった。吹上の田舎もんが、初めて触れた都会文化に圧倒され、一流という言葉に憧れた。「こんな店で呑める男になろう」と思ったのが最初の教示かもしれない。「金のない奴ぁ俺んとこへ来い、俺もないけど心配すんな、見ろよぉ青い空、白い雲ぉ♪」なんて当時流行った無責任男じゃぃかん。人の格は呑みかたで決まる。

そうこうしているうちに、池田バーは拡大移転、「ミンクス池田」を開店する。ショットバーからクラブへ、業態は変われど、池田さんのポリシーは全く変わらない。自分が呑むならこんな店で、そんな店を創る、という信念を決して崩さず、シェーカーひとつで屋台を支えるというか、それは、知識であり、個性であり、技術でもある。それが接客と繋がるわけだから、スタッフは勿論、お客様に対しても、モラル、マナーの順守を求める。接客もまた文化だということを、この時、池田さんから教わった。

そして再びショットバーに。「洋酒館池田」、今の池田バーである。「バーテンじゃなく、正しくバーテンダーと呼んでやってください」接客に誇りがあり、自負があった。頑固で不愛想なバーテンダーが気取ってシェーカー振ってる姿は結構絵になった。頑固さの点では私も人後に下らないと自負しているが、池田さんは、その上をいった。元新聞記者というだけあって、弁は立つが余計なことは一切喋らない、媚びない、すり寄らない。最初は無視されているのか、と思っていたのだが、グラスが空になって顔を上げると、目の前に笑顔。「お次はどう致しましょう?・堂下さんにお勧めがあるんですが・・・」吃驚した、離れていてもすべての客の動きを視野に入れているという達人技。以来、私のホームバーとして「堂下を探すには池田バーに電話すればいい」と言われる程、通うことになった。池田さんと真理ちゃん、荒ちゃん。この三人はプレミアムコンビ。たまに池田さんと一緒に食事することがあると、池田さんは必ず料理を残して、留守番している二人に持ち帰る。必ずと言っていい程である。この優しさ、人間臭さがこの方の魅力なのだろう。

私は腹いっぱい言い合って、仲直りして、また喧嘩して、また仲直りして、決して腹に溜めない。

その繰り返しが信頼に繋がると思っているから、池田さんとは何度も喧嘩した。あらゆる意味で池田さんという方は、物語を創った方だと思う。酒を呑むことが、いかにお洒落かを教えて頂いた。呑む人、呑ます人、周りの人が創り出すひと時の物語が、とっても洒落ている。この物語を壊す客に対しては、「お支払いは結構ですから。もう来ないでください」この一言で出入り禁止。許せない呑みかたに店を提供するのは、知識のない医者に命を預けるようなもの。納得である。

池田さんは、よく店の隅っこで書き物をされていた。「何を書いてるの、ちょっとは相手にしてよ?」と尋ねると「請求書ですよ、堂下さんがもうちょっと来てくれたら、支払いが全部済むんだけどねぇ」・・・む・む・む、こんな風に粋に媚びられたら、乗せられない紳士はいない。で、余計な呑んかたが増える破目に。

義理を果たすということは自分を確認すること。と私は常々思っている。池田さんの最後となった博多での晴れ舞台、バーテンダー協会の式典?に、友人の波之平と二人、早朝から高速を駆って激励と祝福の花束を届けた。

訃報を聞いたのは、そのすぐあとだった。手際よく自分で段取りして、愛弟子に店を譲った。カッコつけすぎて憎らしいが、荒ちゃんが引き継いだ池田バーは、ご承知の通り、洋酒棚もカウンターも、よく手入れされ、昔のまんまが残されている。見事という外はない・・・「ブランデー一本、会長の為に取っておきました。レローというあまり馴染みのないコニャックですが、ヘネシーより香りが広がりますよ。開けますか?」嫌と言えるはずがない。経営者の性格まで昔のまんま。嬉しい限りである。

そば暦

一月

『おかめそば』

笑う門には福来る
おかめ、わかめの目出た蕎麦
当店のおかめそばは
黒髪を思わせる春若芽を
たっぷり敷いたわかめそば
そばといい、わかめといい
自然の恵、健康の源、
こいつぁー春から……

二月

『天ぷらそば』

立春すぎの寒返り
あわてて衣を着重ねるから
着さら着＝如月と云う
いわば衣の季節
この頃は天そばも
衣で喰うと申します。
おだしの風味、そばの香味を
たっぷり吸って、口でトロリ
そばとの相性横綱クラス。

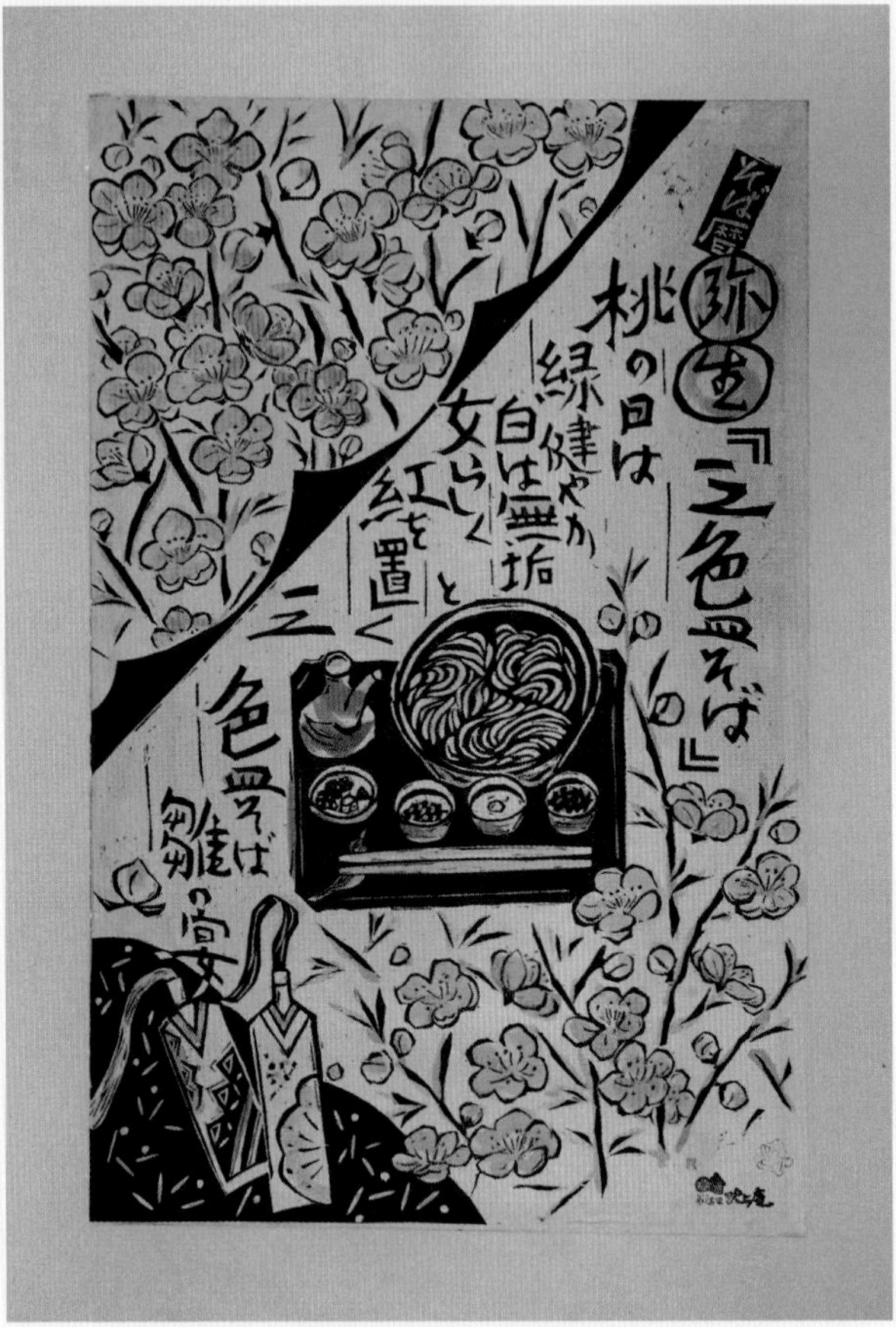

三月

『三色皿そば』

文政年間に書かれた
「嬉遊笑覧」に
「雛を取り納む時
蕎麦を伴ふ」とある。
重三の節句にちなみ
三色の変わりそばを
後宴に供するのが習いとか。
当店では、青切りに「茶」
紅切りに「梅」を練りあわせました。
三色皿そば、お嬢様へのお勧めです。

四月

『割子そば』

割子そばは
別名にぎわいそば。
盛岡のわんこそば
出雲のわりこそば
関西風に数種の
種物とともに味わう。
空いた割子を
にぎやかに
七段積み上げてどうぞ。
おかわりもございます。

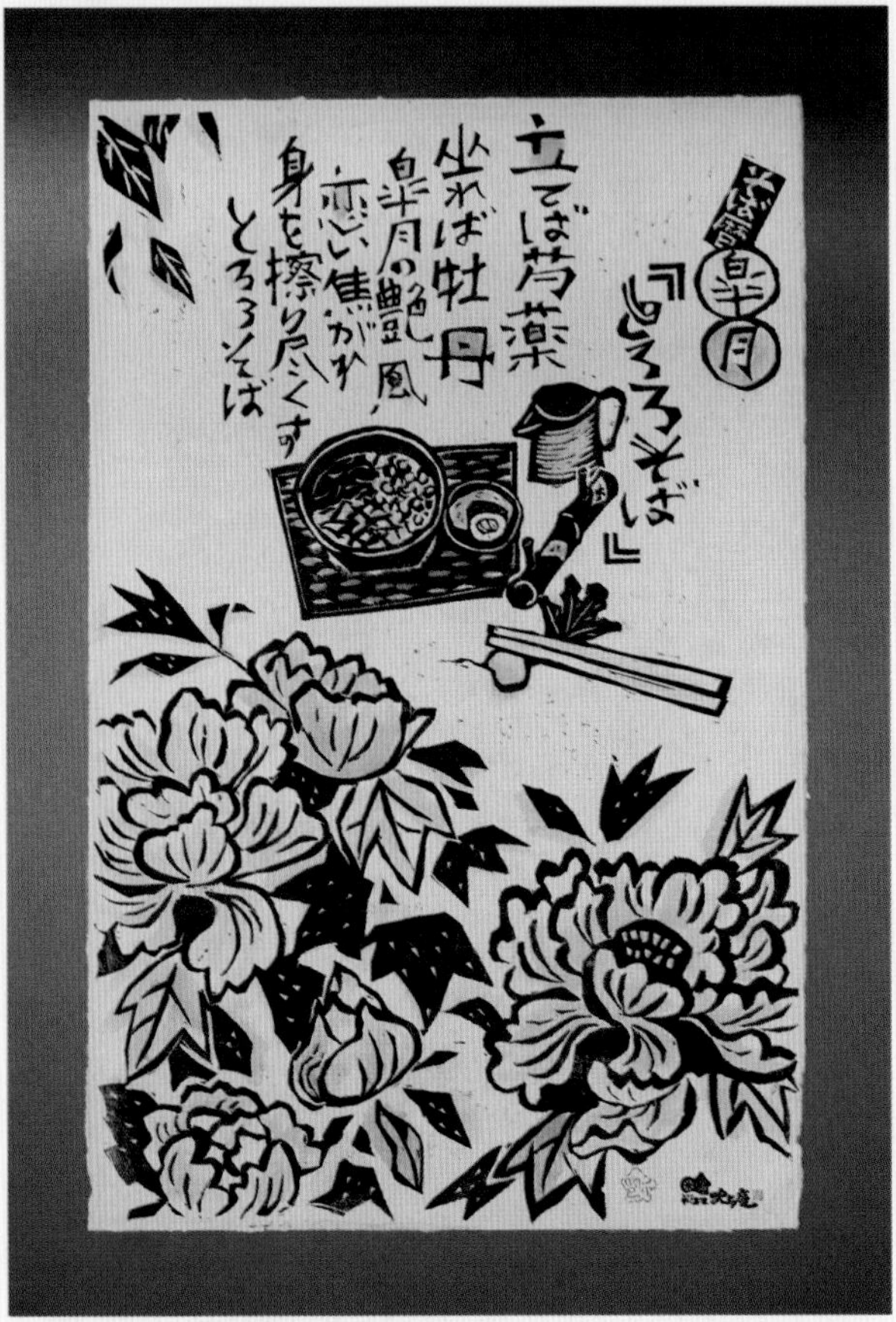
皐月
『とろろそば』
立てば芍薬
坐れば牡丹
皐月の艶風
恋い焦がれ
身を擦り尽くす
とろろそば

五月

『とろろそば』

里の芋に対して
山の芋と呼ばれる自然薯
吹上庵のとろろそばは
擦りおろした自然薯を
たっぷりと蕎麦にかけ
紫蘇、海苔、油揚げの
薬味をつけました。
蕎麦との相性、すこぶる良し。

六月

『茶屋御前』

紫陽花を味彩と書くと
茶屋御前
持て成しの気持ちを
膳に盛り
天ぷら、だし巻き
煮しめに御飯
合い間にそばの口直し
これが格別！

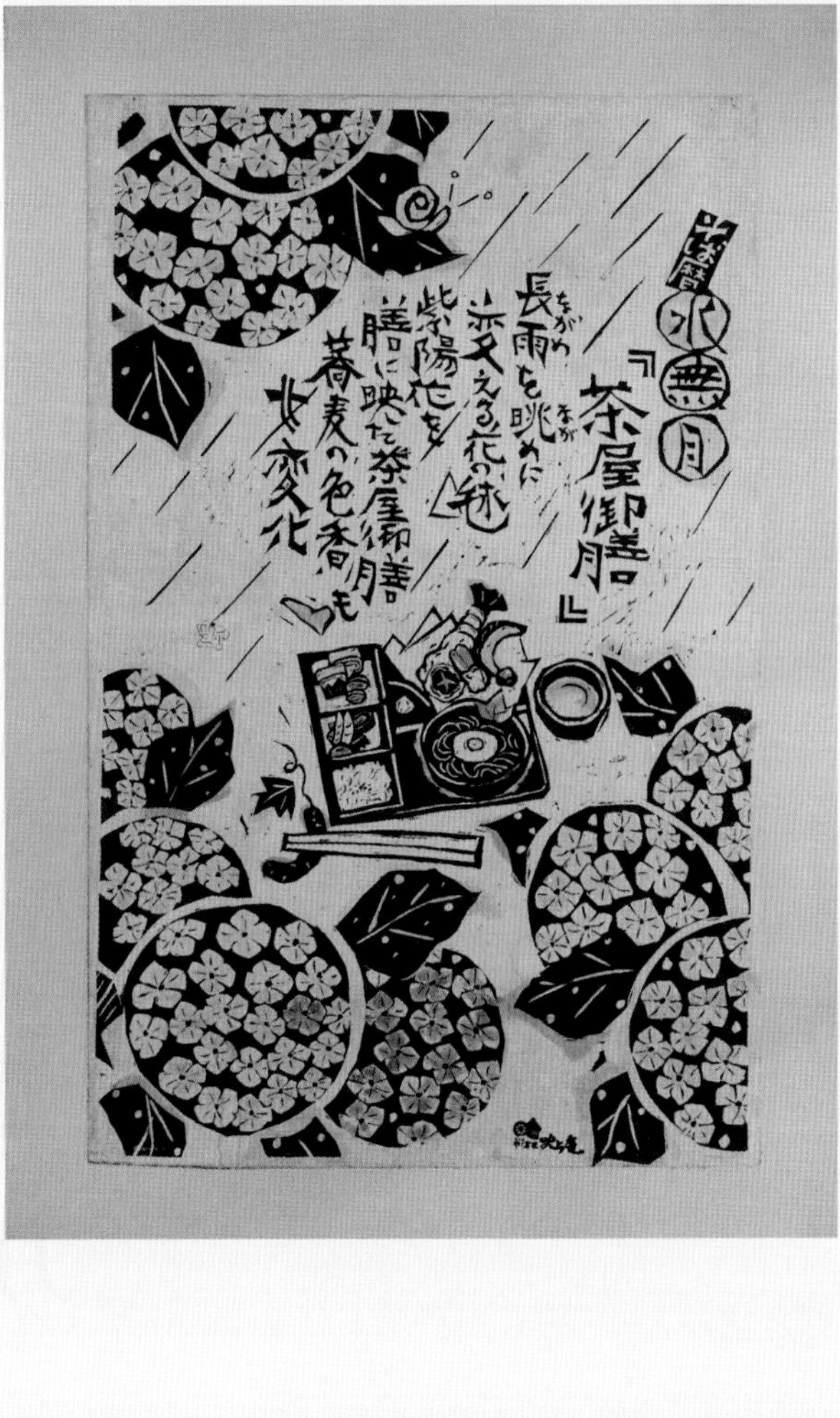

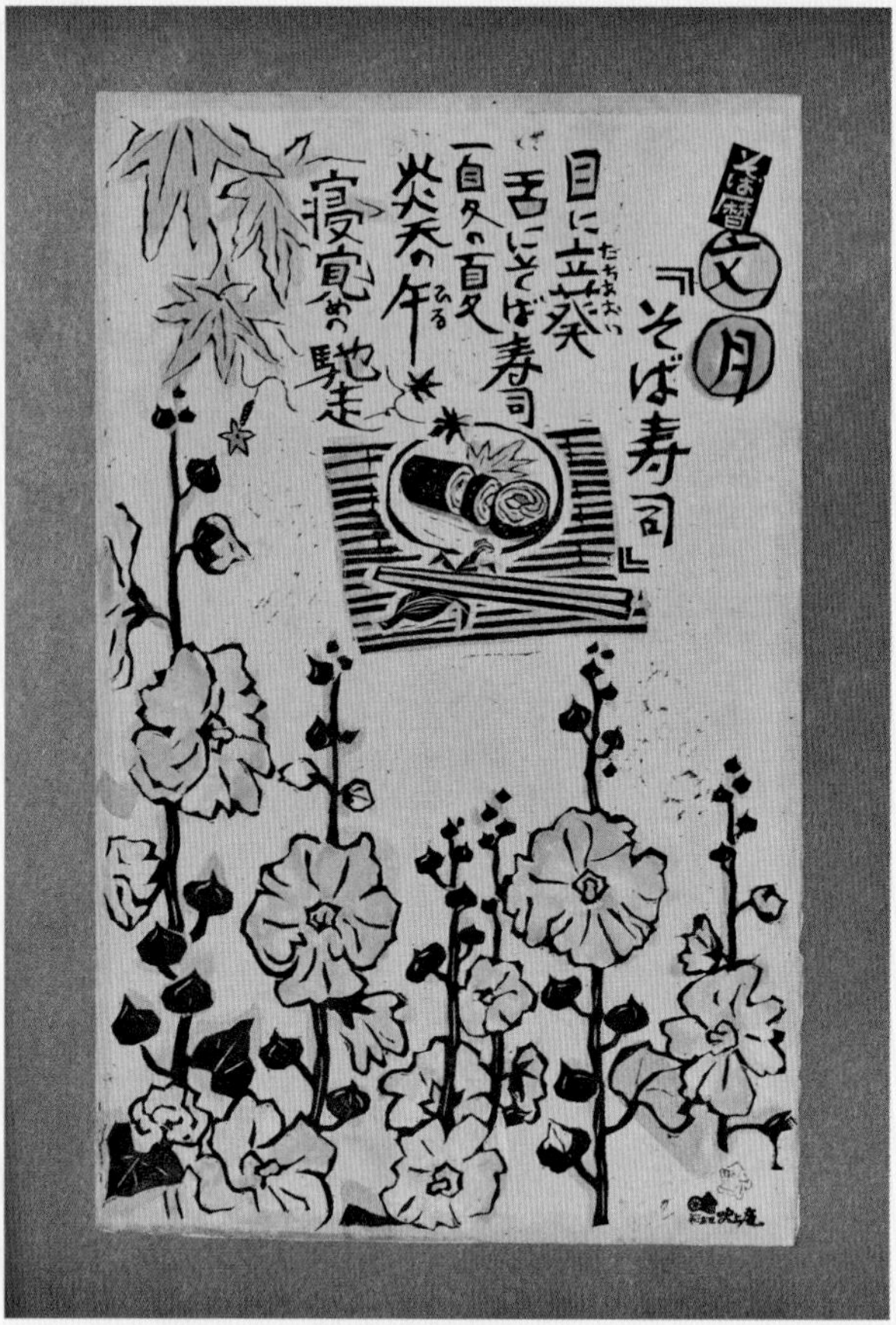

七月

『そば寿司』

そば寿司の味は
幕末の剣豪
伊庭八郎のお墨付き。
江戸っ子好みの
「そば」と「寿司」
合わせた粋が涼を呼ぶ。
食を誘う七月のお品書き
海苔の香りとともに
ご賞味ください。

八月

『板そば』

板で出すので板そば
種物（具）に媚びぬところが
粋好み。
海苔、ねぎ、わさび
薬味だけで上等
「通ぶって喰うそばの味
もの足らず」
という川柳にならぬ様
たっぷりのつゆに浸して
召し上がれ。

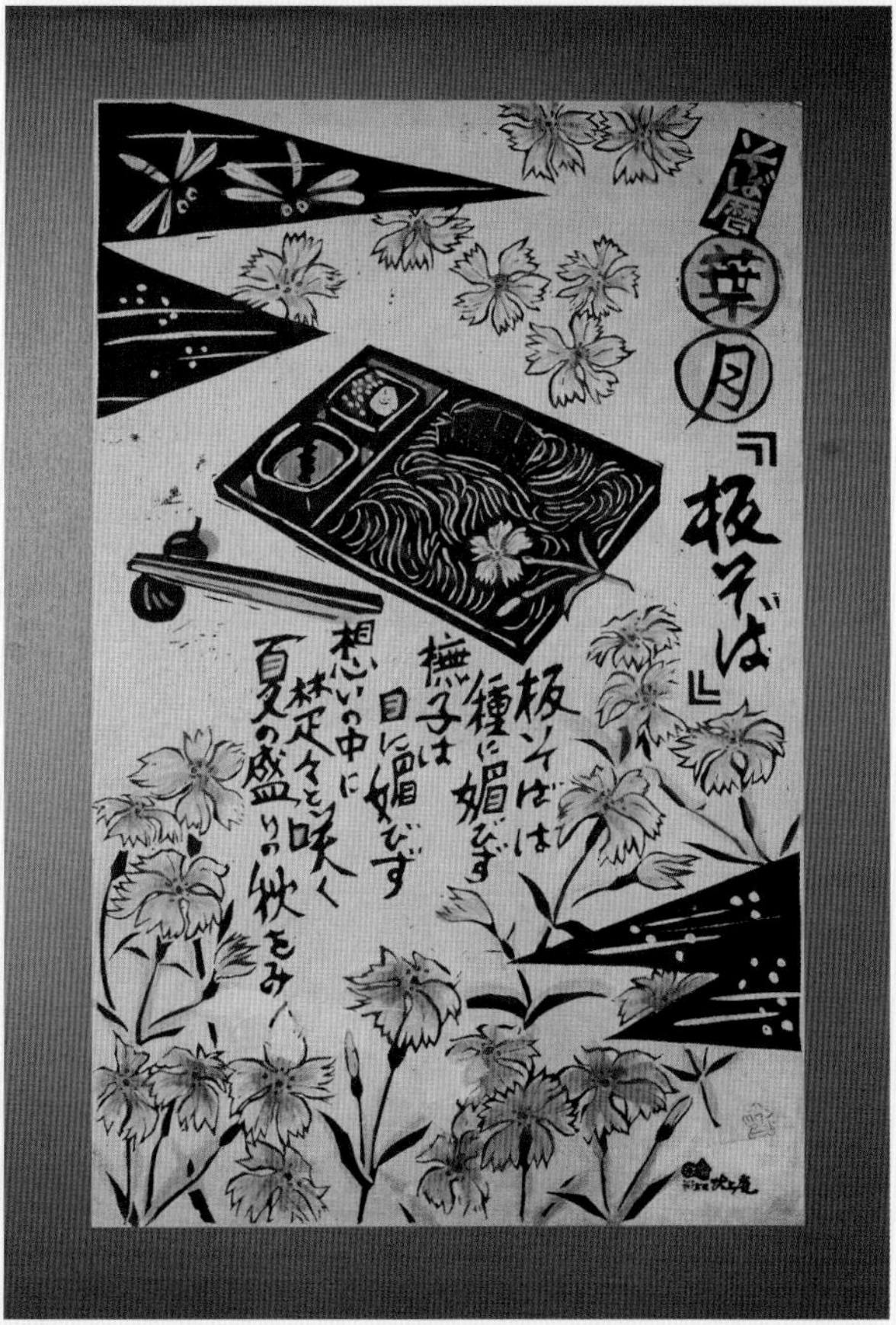

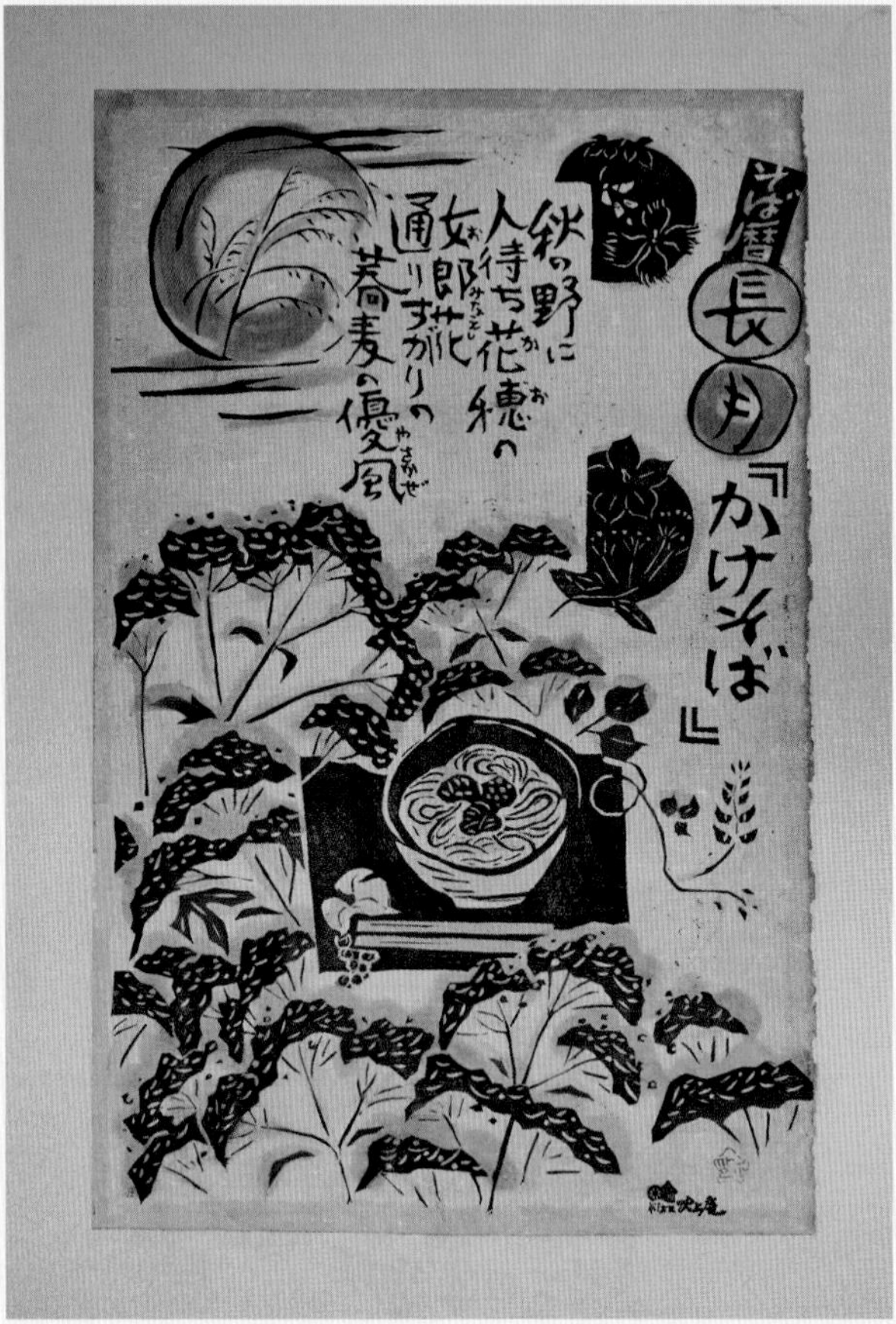

九月

『かけそば』

そばに汁をぶっかけるから
ぶっかけそば。
略してかけそば。
遠く寛政の昔から
短気な江戸っ子の
人気メニューとか
湯気とともに香りをかきこむ。
そば喰いの本道。
今が旬の新蕎麦なら格別です。
迷わず「かけそば」をご賞味あれ。

十月

『山かけそば』

当店の月見は十三夜
（十月の名月）
雲間の月を形どった
山かけそばにてご覧あれ。
自然薯とろろと卵黄が
そばの風味とからまって
三味一体の妙味なり。
あったかいのをどうぞ。

霜月
『きつねそば』
お稲荷さんの紅葉狩り
鳥居の赤に紅重ね
夕焼空を朱で染める
まっかっか……

十一月

『きつねそば』

油揚げはキツネの好物。
きつねうどんは浪花の名物。
そば屋のきつねは
色黒だからタヌキ、などと
堅いこと仰らず
ほど良く甘い油揚げ。
種物としては
江戸時代からの由緒なり。

十二月

『かしわそば』

天孫降臨の先駆けは
地上におりた鶏の声。
とにもかくにも縁起もん。
鳥居をくぐってかしわ手打って
かしわ蕎麦で年を越す。
あったまるから冬の幸。
残った今年の頑張る力
寒い季節のお品書き。

版画：野田 和信　吹上庵全店に掲出（1030×730mm）

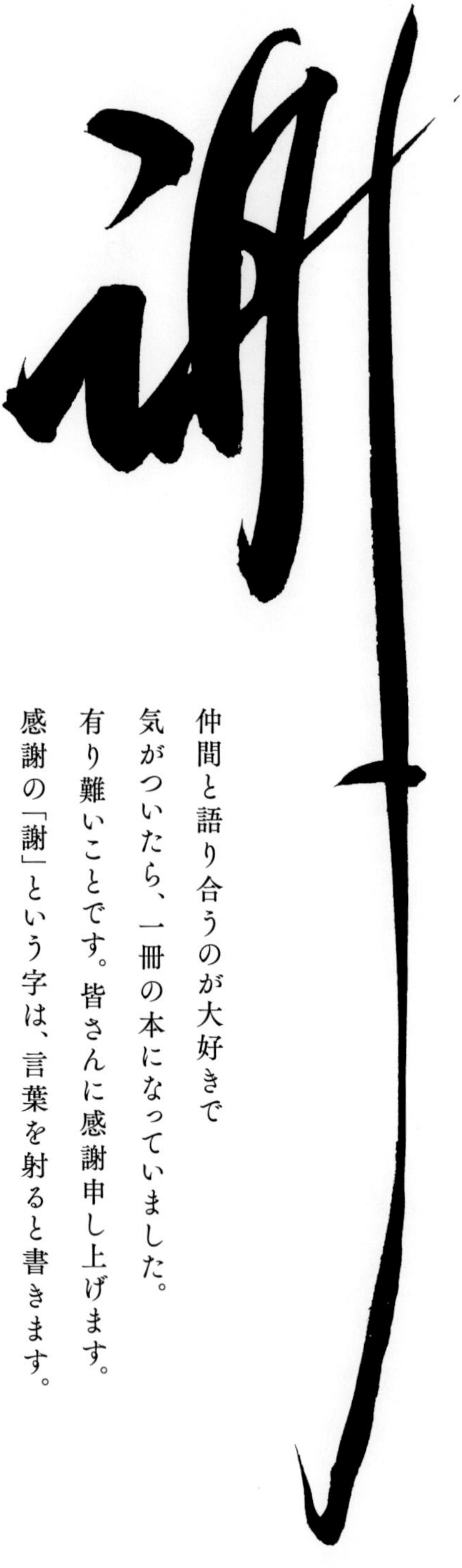

あとがき

仲間と語り合うのが大好きで
気がついたら、一冊の本になっていました。
有り難いことです。皆さんに感謝申し上げます。
感謝の「謝」という字は、言葉を射ると書きます。
感謝の気持ちは、声を大にするか
文字を大にしなければ伝わりません。
大きな「謝」でお礼の気持ちとさせて頂きます。

著者プロフィール

大陸生まれの吹上育ち
齢5歳で満州大連から疎開。
鹿児島弁が分からず苦労したが
そのおおらかな気風の中で育つ。
高校を卒業して上京、大いに刺激を受けて帰鹿。
蕎麦の産地でありながらそば処でないのはおかしい
と吹上にそば茶屋吹上庵を創設、現在15店舗。
また「鹿児島菜食主義」を掲げ、牛、豚、鶏、
海産物、野菜等、日本有数の特産品を東京に運び
遊食菜彩「いちにいさん」を全国展開。
他にステーキ&ビア「素敵庵」、天ぷらの「左膳」
江戸前ならぬ錦江湾前「喜鶴寿司」等々40店舗を
県内外で展開している。

STAFF

企画編集
株式会社シイツウ

コピーリライト
深尾 兼好
北村 公博

デザイン
冨永 功太郎
川畑 徹
篠原 拓朗

イラストレーション
雪丸 詩織

写真
大楠 博喜

制作管理
箸野 翠

遊び心がおいしい－蕎麦屋の親父の独言－
定価 2,200円（本体 2,000円＋税）
著　者　堂下 博司
監　修　深尾 兼好
発行所　株式会社 南日本新聞開発センター
　　　　鹿児島市山下町 9 番 23 号
電　話　099-225-6851

乱丁・落丁本はお取替え致します